**O sentido da
existência**

Markus Gabriel

O sentido da existência
Para um novo realismo ontológico

Apresentação de
Maurizio Ferraris

Organização de
Simone L. Maestrone

Tradução de
Bernardo Romagnoli Bethonico

Revisão técnica de
Larissa Drigo Agostinho

1ª edição

CIVILIZAÇÃO BRASILEIRA

Rio de Janeiro
2016

Copyright © 2012 by Carocci editore S.p.A., Roma
Copyright da tradução © Civilização Brasileira, 2016

Título original: *Il senso dell'esistenza: Per un nuovo realismo ontologico*

CIP-BRASIL. CATALOGAÇÃO NA FONTE
SINDICATO NACIONAL DOS EDITORES DE LIVROS, RJ

G117s
Gabriel, Markus, 1980-
O sentido da existência: Para um novo realismo ontológico / Markus Gabriel; organização Simone L. Maestrone; tradução Bernardo Romagnoli Bethonico; revisão técnica Larissa Drigo Agostinho. – Rio de Janeiro: Civilização Brasileira, 2016.
196 p.: il.; 23 cm.

Tradução de: Il senzo dell'esistenza
Inclui bibliografia
ISBN 978-85-200-1268-0

1. Ontologia. 2. Filosofia. I. Maestrone, Simone. II. Título.

15-23720

CDD: 199.498
CDU: 1(498)

EDITORA AFILIADA

Todos os direitos reservados. É proibido reproduzir, armazenar ou transmitir partes deste livro, através de quaisquer meios, sem prévia autorização por escrito.

Texto revisado segundo o novo Acordo Ortográfico da Língua Portuguesa.

Direitos desta tradução adquiridos pela
EDITORA CIVILIZAÇÃO BRASILEIRA
Um selo da
EDITORA JOSÉ OLYMPIO LTDA.
Rua Argentina, 171 – Rio de Janeiro, RJ – 20921-380 – Tel.: (21) 2585-2000

Seja um leitor preferencial Record.
Cadastre-se e receba informações sobre nossos lançamentos e nossas promoções.

Atendimento e venda direta ao leitor:
mdireto@record.com.br ou (21) 2585-2002

Impresso no Brasil
2016

Com o Destino a conduzir a carroça de tudo pela estrada de nada.

Fernando Pessoa

Sumário

Nota do organizador	9
Apresentação	
Sistema do hiper-realismo transcendental	
Maurizio Ferraris	11
Introdução	21
1. Significado e existência	41
O que é a existência?	43
A não existência do mundo	51
A não existência do mundo como condição de possibilidade do sentido	55
2. Facticidade, acessibilidade e contingência	61
Facticidade e acessibilidade. O caso do idealismo dependente do sentido	68
Contingência e necessidade	86
Idealismo, niilismo e realismo interno	94
3. A universalidade do sentido	101

4. Divergência e objeto 127

Do problema do mundo externo ao problema
do mundo 134
Do sentido à divergência 144
Sobre duas objeções epistemológicas 150

Conclusão 155

Notas 159
Bibliografia 175

Nota do organizador

Este texto não é simplesmente uma tradução. Sim, em sua origem há conferências redigidas em inglês pelo professor e um artigo escrito em alemão (o qual, *grosso modo*, faz parte do último capítulo do livro). Entretanto, a história da gênese desta obra é bastante singular e vale a pena recordá-la. Enquanto eu traduzia, a pedido do autor, as conferências do curso no Istituto Italiano per gli Studi Filosofici, ministrado em junho de 2011, Markus Gabriel teve a ideia de transformá-las em um livro para o público italiano. Nos meses que se seguiram me foram entregues, em língua alemã, novas e significativas seções do texto para integrar o material em tradução. O resultado desta série de suplementos, enviados a mim de diversas partes do mundo (onde o professor discutia os textos que constituem esta pesquisa ontológica), era em seguida rediscutido (em três línguas diferentes) e ulteriormente modificado em encontros cara a cara, tão entusiasmantes quanto difíceis. Gostaria de destacar que a contribuição de Markus Gabriel para o estabelecimento do texto italiano não foi de modo nenhum subestimável. O professor, que fala perfeitamente seis línguas, pôde pensar em italiano, digamos, os conteúdos teóricos do próprio projeto, propondo-me com frequência soluções terminológicas precisas. E não só: durante os nossos encontros, era comum ditar (já em italiano) ulteriores explicações ou exemplos, pouco corrigidos por mim. Por isso, não podemos falar de tradução no sentido canônico do termo, mas de uma colaboração na passagem do seu pensamento para o italiano. O resultado desse raro trabalho é o livro que está em suas mãos, leitor. Da minha parte, tentei o máximo possível transmitir a clareza e a vivacidade com que Markus Gabriel expõe as suas teses, buscando conservar o andamento discursivo próprio de suas conferências. Gostaria de agradecer ao professor o convite para essa pequena aventura intelectual, com a qual tanto pude aprender, e a disponibilidade e gentileza com que acompanhou o meu trabalho de mediador linguístico, muitas vezes nada simples. Concluindo, permito-me agradecer ao amigo Elia Pinna, erudito entre os eruditos, os inumeráveis conselhos na fase de revisão do texto.

Bonn, abril de 2012
Simone L. Maestrone

Apresentação

Sistema do hiper-realismo transcendental

Maurizio Ferraris

O que há de novo no "novo realismo"? Apenas isto: a plena consciência de vir depois do pós-moderno, ou seja, de ter atravessado (e oportunamente superado) o antirrealismo que prevaleceu na segunda metade do século XXI tanto no campo analítico quanto no continental. Nesse sentido, o novo realismo possui três traços fundamentais, todos bem representados pelo trabalho de Markus Gabriel, caracterizando-se, mais do que por uma crítica categórica do antirrealismo, pela tentativa de preservar dele as instâncias emancipatórias, evitando efeitos indesejados e principalmente a curva entrópica que levou o pós-moderno a dar adeus à verdade e declarar guerra à realidade, usando de modo indiscriminado o princípio de que "não há fatos, apenas interpretações".

Em primeiro lugar, o novo realismo mantém a instância desconstrutiva. Seu escopo fundamental é a possibilidade de recuperar os argumentos da crítica, depois da deslegitimação pós-moderna da verdade e da realidade. A palavra "crítica" deveria deixar claro que, se recorremos à realidade, não é por *Realpolitik*, mas, ao contrário, trata-se de não abandonar o pensamento crítico, repropondo-o de outras formas, adequadas a outro momento histórico e não reduzidas a uma pura escolástica. Desconstruir é sagrado: na natureza não existem príncipes, patrões e anjos do lar, eles são socialmente construídos. Mas isso não significa

O SENTIDO DA EXISTÊNCIA

que tudo seja socialmente construído ou que a verdade seja um mal. Além disso, não podemos esquecer que também os suspeitos heróis do pós-moderno, que insistiram no caráter construído da realidade, faziam isso em nome da realidade e da verdade. Afinal, se Nietzsche, Freud e Marx escreveram o que escreveram, foi em nome da verdade.

Em segundo lugar, o novo realismo não é de forma nenhuma uma filosofia anti-hermenêutica ou anticientificista. Os realistas sabem bem que uma parte importantíssima do mundo, a esfera social, não pode se dar sem interpretação, e que a interpretação pode ser investigação da verdade, não imaginação do poder. Na hendíade da imaginação e do poder, o problema talvez não seja a imaginação, mas o poder, a obsessão pós-moderna de que não existe verdade, apenas conflito, interesse, prevalência do mais forte, e segundo a qual "interpretar" significa essencialmente ir à guerra ou no mínimo entrar em campo. Ora, refutar esse uso aberrante da interpretação não quer dizer de maneira nenhuma reduzi-la à imaginação; significa, ao contrário, mostrar o vínculo essencial que a interpretação tem com a verdade e a realidade. Quanto ao cientificismo, me parece que os realistas, de Gabriel a Paul Boghossian, de Mario De Caro a Akeel Bilgrami e Petar Bojanic, sem, claro, esquecer Hilary Putnam e Umberto Eco, não se reconhecem assim de forma nenhuma. Penso que a prova macroscópica disso é a diferença que propus entre ontologia e epistemologia. O que não significa que a filosofia possa refutar as conquistas da ciência. A filosofia não se resolve na ciência, é uma atividade estruturalmente diversa, mas é muito difícil fazer boa filosofia opondo-se à ciência.

Em conclusão, o novo realismo é a proposta de uma filosofia globalizada, na qual temos a convergência de três elementos. 1. Uma competência *científica*, que, no caso específico de uma disciplina de forte aspecto humanístico como a filosofia, significa também uma competência filológica e histórica. Devemos acrescentar,

APRESENTAÇÃO

entretanto, a competência em relação às ciências (naturais e sociais) e a debates como o problema mente-corpo, a ontologia do mundo natural, o problema da justa distribuição de bens materiais e a natureza do inconsciente. 2. Uma competência *teórica*, na qual o elemento analítico (ou mais propriamente acadêmico) proporciona a forma, enquanto o elemento continental (ou mais propriamente extra-acadêmico) proporciona os conteúdos. Se existe um âmbito no qual a frase "os conceitos sem intuição são vazios, as intuições sem conceitos são cegas" aplica-se perfeitamente, é exatamente a esfera das relações analítico-continentais. 3. Uma pertinência *pública*. As pessoas estão dispostas a aceitar uma linguagem técnica ou mesmo incompreensível se a contrapartida for a cura do câncer. Entretanto, não é isso que a filosofia pode oferecer. Assim, a capacidade de se voltar para um espaço público, apresentando a ele resultados elaborados tecnicamente, de forma linguisticamente acessível, é parte intrínseca e não acidental da filosofia.

Como estava dizendo, essas características encontram-se todas no trabalho de Markus Gabriel, que não é apenas novo realista, mas também jovem realista, *enfant prodige*. Nascido em 1980, fez o doutorado em Heidelberg e o pós-doutorado na New York University, tornando-se professor em Heidelberg. Depois de ser professor adjunto na New School for Social Research de Nova York, ocupou a cadeira de Epistemologia e Filosofia moderna e contemporânea na Universidade de Bonn. Isto em 2008, com 28 anos, tornando-se o mais jovem professor titular alemão desde os tempos de Schelling, em razão de um grande número de livros sobre temas que (no espírito de uma filosofia globalizada) vão do ceticismo antigo ao idealismo alemão, passando pela filosofia analítica e sem deixar de lado a filosofia popular. Na base de todo esse trabalho há um impulso desconstrutivo, uma tentativa de trazer à tona algo que não raro está implícito ou escondido na história das ideias. Aqui, a ação fundamental de Gabriel é ver no idealismo alemão não uma hipérbole especulativa que se distancia

O SENTIDO DA EXISTÊNCIA

da sobriedade da crítica kantiana, mas uma forma de realismo que reage a Kant. Resumindo, adeus à filosofia como teoria do conhecimento e boas-vindas à filosofia como ontologia. Se Kant deu um passo atrás, agora é preciso dar um passo à frente, chegar às próprias coisas. Vejamos os elementos característicos dessa desconstrução.

1. O primeiro é o argumento da facticidade. Fabricamos, usamos, vendemos carros, e isto certamente depende de nós, de nossos esquemas conceituais e de nossos aparatos perceptivos, como diria um Kant ressuscitado. Entretanto, não depende de nós o fato de construirmos carros, o fato de existirem coisas antes de nós e depois de nós. Não pode haver um construtivismo generalizado em relação aos fatos simplesmente porque existem fatos que nos precedem: todos poderíamos dizer, como Erik Satie: "Nasci jovem demais em um mundo velho demais." São argumentos que encontramos na crítica do construtivismo de Paul Boghossian ou em um realista especulativo como Quentin Meillassoux, mas, como afirmei, a forma específica que assumem em Gabriel é a da filosofia tardia de Schelling. O "segundo Schelling" – que se inicia com as investigações de 1809 sobre a essência da liberdade humana, dando origem, nos anos 1840, depois do definitivo abandono do projeto As idades do mundo, à filosofia da mitologia, até a morte, em 1854 – não é visto por Gabriel como um irracionalista, mas – segundo sua leitura desconstrutiva do idealismo alemão – como um pensador da facticidade.

Especificamente na filosofia da mitologia percebemos que não se trata de uma regressão, de um retorno ao mito, mas de uma valorização daquilo que poderíamos chamar de positividade de algo que é dado e transmitido (justamente como acontece com o mito, cujo inventor não conhecemos), e não fabricado (como um romance). Aqui, principalmente, temos a oportunidade de entender com rara clareza aquilo a que Schelling se referia quando falava de

APRESENTAÇÃO

uma *filosofia positiva* em contraposição à filosofia pós-cartesiana, como filosofia "negativa". "Negativo", em uma palavra, equivale a construcionista. Ao passo que depois de Descartes a certeza filosófica alcança-se por meio de uma construção do pensamento (cujos modelos são a matemática e a geometria, ou seja, aquilo que é *feito* pela mente humana e que, por isso, é evidente), para o segundo Schelling (que desde a juventude foi um dos maiores defensores do construcionismo filosófico), a verdade e os objetos da filosofia são mais evidentes enquanto *dados*, ou seja, quando se impõem à consciência humana em vez de serem fabricados por ela.

Vem daí o interesse pela mitologia e pela revelação. O segundo Schelling não acredita mais nos mesmos deuses que venerava na juventude, no Stift de Tübingen, onde estudou com Hölderlin e Hegel, não somente como mitógrafo iluminista (em seus primeiros textos), mas também como mitômano romântico. Não se trata de dignificar uma nova mitologia, própria aos tempos modernos, mas de questionar as antigas mitologias, as primeiras manifestações do pensamento, que com o tempo estão sujeitas a novas metamorfoses; são uma revelação que se impõe à consciência, vigente até que um novo sistema de crenças, derrubando-a, a relegue ao estado de fábula desacreditada. A mitologia é, portanto, tipicamente um dado, tido incialmente como real e verdadeiro, não devendo simplesmente ser aceito como tal, mas questionado em sua gênese, principalmente porque, se as coisas estão como tentamos descrever, não existe uma mitologia como tal, existe um processo que deixa para trás, como fragmentos eloquentes, Júpiter, Juno, o calórico e o flogisto. A pesquisa, portanto, será feita não com a atitude daquele que acredita (não há nada de especificamente atraente na mitologia, exceto o fato de que algum dia foi verdade), mas com a do homem culto que lança mão de toda a sutileza erudita e filosófica que os tempos modernos nos asseguraram.

Entretanto, o ponto essencial, no aspecto teórico, é justamente o fato de que no mito há uma forte facticidade: como já dissemos,

O SENTIDO DA EXISTÊNCIA

ninguém pode afirmar ser o inventor de um mito; é algo que nos precede, assim como nos precedem os dinossauros, e isso é assim exatamente porque nos contaram. De fato, encontramos uma situação análoga nas piadas: ninguém diz "inventei essa piada"; não é engraçado, seria como servi-la requentada. Fábulas, mitos, piadas têm isto em comum: não são a excogitação de um indivíduo, não são a construção de um roteirista; são dados. Na verdade, quando Wittgenstein fala de jogos linguísticos como coisas que se encontram e não como coisas que podemos inventar à vontade, sugere algo não muito diferente do proposto por Gabriel em sua releitura de Schelling.

2. De fato, aquilo que para Schelling é o mito, para Gabriel – por meio da filosofia analítica – é o sentido. Pensamos *a parte rei*, como sugere Wolfram Hogrebe, filósofo alemão contemporâneo que mais influenciou sua formação. Para Gabriel, o sentido "apresenta-se", não está completamente à nossa disposição, da mesma forma que (retomando um exemplo de Eco em diálogo com Rorty) posso usar uma chave de fenda para abrir um pacote, mas não para limpar a orelha. O sentido é uma modalidade de organização para a qual alguma coisa se apresenta de algum modo. Mas não depende dos sujeitos em última instância, não é a produção de um eu transcendental com suas categorias. Lidamos aqui com algo como a síntese passiva de Husserl ou a "sinopse do sentido", enigmaticamente mencionada por Kant na primeira edição da *Crítica da razão pura*: o fato de o mundo possuir uma ordem anterior ao aparecimento do sujeito. Há alguma coisa, no fundo, que pode se tornar figura. Há sempre um resto não consumado, dizia Schelling, "um resíduo que nunca desaparece". Assim escreve Gabriel: "Observem uma garrafa d'água. Essa garrafa d'água poderia aparecer em um campo de sentido organizado economicamente, por exemplo, em um anúncio de supermercado. Ao mesmo tempo, poderia aparecer no campo de

APRESENTAÇÃO

sentido da minha sede, do meu imaginar alguém que tem sede; no campo de sentido de um filme com cenas em que aparecem tanto o supermercado quanto meu pensamento sobre o amigo com sede. Além disso, a garrafa pode aparecer no campo de sentido da física. Nesse campo, não aparece como garrafa d'água, mas como agregado de partículas, ondas ou outra coisa – seja qual for a sua teoria física preferida. Ora, qual é a garrafa ou, mais precisamente, o que é?"

Aqui encontramos o cerne do realismo de Gabriel. Todas as modalidades em que a garrafa se apresenta têm existência em um campo de sentido determinado. Para Gabriel, como para Quine, a resposta à pergunta "o que existe?" é "tudo existe". Entretanto, se Quine usa essa afirmação como paradoxo, defendendo que aquilo que existe realmente são as entidades cuja existência é abarcada pelas melhores teorias científicas, especificamente da física, para Gabriel as coisas acontecem de outra forma. Todas as modalidades de existência da garrafa que descrevemos são verdadeiras em seu campo de sentido. Portanto, no campo de sentido do laboratório que analisa a água mineral, aquela água existe à sua maneira espaçotemporal, enquanto no campo de sentido de *Suave é a noite* existe, com a mesma força, a garrafa (infelizmente de champanhe, não de água mineral) à qual se apega Dick Diver. Eis por que Gabriel chama sua ontologia de "hiper-realista". De fato (diferentemente de Quine), ele não apenas não acredita que o esquema conceitual da física seja o melhor para definir uma ontologia, mas, diferentemente de Alexius Meinong, até hoje conhecido como o ontologista mais generoso do universo, em sua concepção os objetos não se dividem em existentes no espaço e no tempo, inexistentes por razão de fato (por exemplo, as montanhas de ouro) ou de direito (por exemplo, o círculo quadrado), ou ex--existentes (por exemplo, o Império Romano); para Gabriel, cada um desses objetos existe com a mesma força dentro do campo de sentido que lhe é próprio.

O SENTIDO DA EXISTÊNCIA

Obviamente, alguém poderia objetar, como Bertrand Russell dirigindo-se a Meinong, porém com mais força, que, apesar de toda essa generosidade ontológica, não é possível responder à pergunta "O atual rei da França é careca?", simplesmente porque não existe atual rei da França. Mas a ideia de Gabriel é que a existência é algo anterior à verdade, ou seja, nas minhas palavras, a ontologia precede a epistemologia. Eis a inversão (que tem seu impulso originário na releitura de Schelling) da diretriz que prevaleceu na filosofia a partir de Descartes. Para o construcionismo que tem origem em Descartes e por meio de Kant chega ao antirrealismo do século XX, a existência depende da verdade (o que não é verdadeiro não existe), ou seja, a ontologia depende da epistemologia. O hiper-realismo transcendental de Gabriel, por sua vez, propõe considerar todo ente, de Harry Potter a Zaratustra, do flogisto ao calórico, das mesas ao sistema solar, existente. Apenas em um segundo momento intervém a reflexão, com uma ação retrospectiva que avaliará as diversas formas de ser, atribuindo a cada uma delas o horizonte de sentido que lhe cabe.

A existência é uma apresentação sempre contingente: poderia não existir; não existe nenhum ser supremo que seja causa de si mesmo, não existe nenhum princípio primeiro, o que, aliás, demonstra como o realismo não equivale em nada a um totalitarismo: a divergência é mais originária do que o consenso; o sentido não é simplesmente linguístico, e é incompleto, nunca saturado; não há um sentido único do sentido, e tudo existe, exceto o todo. Desse ponto de vista, a filosofia de Gabriel é uma releitura do idealismo como realismo empírico (idealistas não são irrealistas em sentido ôntico) e como um niilismo transcendental, exatamente porque não existe totalidade. Tudo o que existe existe porque há campo de sentido. Mas então vale a pena chamar tudo isso de niilismo?, pergunta-se Gabriel. Na origem há um não fundamento e uma falta. O sentido remediará esse não fundamento, mas com uma ação retrospectiva, com uma ação *a posteriori*, e não com o sistema

APRESENTAÇÃO

a priori de Kant: a ontologia chega antes e a epistemologia segue, como as intendências de Napoleão.* Entretanto, nesse horizonte estruturalmente aberto, é certamente o sentido que decide sobre o ser, porque para Gabriel a existência equivale à inteligibilidade. Motivo pelo qual o inexistente é o insensato e o ininteligível.

3. Abre-se aqui espaço para discussão. Porque, de fato, como enfatiza Gabriel, o ser é uma estrutura retrospectiva, resultado de um processo. O que é completamente legítimo se considerarmos a existência como inteligibilidade. De uma trama confusa surge uma estrutura e depois avança um sentido, que então definirá diversas formas de ser. Trata-se, certamente, do absoluto de Schelling ou da *chora* de Platão (sobre a qual escreveram tanto Derrida quanto Gabriel), em que tudo é originariamente indefinido e aos poucos faz-se espaço para a definição e a diferença, dando forma aos entes. Entretanto, se assim for, a ontologia não passa novamente a depender da epistemologia? Não será uma epistemologia performada, com doze categorias e duas formas puras da sensibilidade, como em Kant, mas uma epistemologia em devir dialético, como no idealismo alemão e depois na noção de *différance* em Derrida ou de "empirismo transcendental" em Deleuze. Creio que o ponto realmente problemático esteja em adotar uma postura cartesiana considerando o ser como inteligibilidade.

Acredito que o ser é principalmente opacidade, resistência, ininteligibilidade, contrassenso. Nessas sombras são construídos o sentido, o saber, a inteligibilidade, o que não impede que o contrassenso possa sempre voltar, justamente como acontece com Dick Diver: "Apaixonar-se por uma paciente é perigoso, Dick, e como psiquiatra você devia saber. Escolheu o caminho mais difícil,

---

* "A intendência seguirá", disse Napoleão, quando questionado por alguns generais sobre como alimentar as tropas em campanhas urgentes de longa distância. A frase quer dizer, *grosso modo*, que todos deveriam seguir a decisão do general a qualquer custo. (*N. do T.*)

O SENTIDO DA EXISTÊNCIA

tomou a decisão mais louca, decidiu casar-se com ela e agora todas as suas certezas correm o risco de se esfacelar. Talvez você não tenha percebido o que a beleza de Nicole escondia. Com certeza não podia saber que Rosemary, com sua beleza de atriz e cândida ingenuidade, teria abalado todo esse delicado equilíbrio, fazendo de Paris, da Côte d'Azur e de Roma o símbolo de seu desgosto, o palco da sua falência matrimonial. E, quando as festas e os amigos transformam-se em pálidas sombras, quando a garrafa se torna o único modo de encarar os problemas, não resta nada a não ser abandonar-se, fugir, deixar para trás essa geração perdida..."* Ou, mais prosaicamente, entramos em casa, apertamos o interruptor e a luz não acende. Terá a lâmpada queimado? Acabou a eletricidade? O interruptor quebrou? Quem poderia saber? Certo é que ficamos na escuridão.

Entretanto, para além da divergência de perspectivas, é impossível não admirar a riqueza da construção do centauro criado por Gabriel: Fregel, híbrido que (como Frege) acredita que a existência é uma propriedade de segundo nível, ou seja, pressupõe inteligibilidade e conceito, e que (como Hegel) a determinação e a identidade pressupõem a diferença, ou seja, o movimento desconstrutivo do especulativo. Fregel é o emblema da "filosofia globalizada", um dos traços mais característicos do novo realismo, como dissemos. Creio que justo esse apelo a uma filosofia globalizada, para além das diferenças de perspectiva, é o mais importante sinal vindo com a virada realista na filosofia. Não descobrimos que a realidade existe. Descobrimos que a filosofia pode dizer algo importante sobre a realidade, sem divisões entre escolas e tradições, com Fregel, mas também com Hussearle ou talvez Foukant, com uma unidade *a parte rei*.

---

* Tradução livre. (*N. do T.*)

Introdução

É loucura, mas é verdade: habituamo-nos a ver o mundo (ou pelo menos uma parte surpreendentemente vasta dele) como uma construção nossa, espécie de "alucinação coletiva" transcendental mediada pela história do desenvolvimento cultural da humanidade. E, considerando quantas descobertas a modernidade fez à luz dessa tese, não pareceria aconselhável distanciar-se muito dessa opinião. Além de tudo, ela tem a vantagem psicológica de bajular o nosso narcisismo. Criamos onde vivemos e estamos em nosso pequeno mundo, mas em grande estilo, como Deus, *coeli et terrae creator*. Hans Blumenberg mostrou, em grandiosas obras, dentre as quais podemos lembrar *Die Legitimität der Neuzeit* [A legitimidade da idade moderna] ou *Arbeit am Mythos* [Elaboração do mito], que o projeto da modernidade pode ser pensado justamente como uma progressiva humanização de Deus.[1] O homem torna-se *como* Deus ou pelo menos como acredita que Deus deva ser. A função antes atribuída a Deus torna-se função do homem. E se fosse esse justamente o grande erro da modernidade? Ou, em outras palavras, e se fosse um programa completamente diferente o verdadeiro ápice da modernidade, e não a pós-modernidade com a radicalização do homem-deus que se perde nas próprias criações midiáticas?

Neste livro defenderei que o novo realismo, prenunciado na Itália por Maurizio Ferraris, mas também por muitos outros, um pouco por todo o mundo, é a autêntica vanguarda da modernidade.[2] Finalmente alcançamos aquela nova realidade da qual Baudrillard, com seu conceito de hiper-realidade, desconfiava. Neste livro, entretanto, defenderei uma determinada forma de hiper-realismo, teoria segundo a qual vivemos sempre em uma dimensão hiper-real, sem todavia termos consciência disso. A novidade do século XXI é que descobrimos os meios conceituais para abordar o fato de que somos lançados em transfinitos campos de sentido. O que para os pós-modernos parecia ser uma espécie de alucinação multívoca, para nós é simplesmente a realidade. Não são suspeitos os fatos como tais, mas as nossas interpretações deles. É claro que também elas são fatos, entretanto por vezes seu conteúdo é um espelhamento dos próprios fatos. Dada a nossa falibilidade, deveríamos deixar de uma vez por todas de pensar que realmente podemos viver em uma gigantesca bolha de razão autoproduzida, circundada por uma incognoscível coisa em si.

Contra qualquer forma global de construtivismo, deveríamos começar com uma convicção contrária elementar, que nos conduza a uma tese não menos espantosa, a qual tenha também o mérito de ser verdadeira. Suponhamos que seres humanos possam realmente produzir fatos. Da mesma forma que produzem, por exemplo, carros. Os carros não existem desde sempre e não existiriam sem a intervenção do espírito humano no mundo. Somos os criadores dos carros e, assim, também criadores de fatos, ou seja, de verdades a propósito dos carros. Mas, nesse ponto, devemos nos perguntar se, com tudo isso, somos também criadores do fato de que produzimos carros. A resposta parece evidente: não! Com certeza podemos produzir carros, mas não o fato de os produzirmos. Ou seja, está sempre em jogo uma *facticidade* que está antes de nós. Do contrário, poderíamos produzir carros encenando uma dança do carro. Claro, nem a dança da chuva faz chover, nem a dança do carro produz carros, e isso depende do

INTRODUÇÃO

fato de que é verdade que produzimos carros, mas não só, nós os produzimos de modo bem preciso.

Chamamos isso de *argumento da facticidade*. Tal argumento afirma que, em uma tomada de posição e orientação cognitiva, existe sempre alguma verdade ou condição de verdade que não produzimos. A partir desse argumento, Paul Boghossian, em *Medo do conhecimento*, conclui exatamente que não pode haver nenhum "construtivismo sobre fatos (*constructivism about facts*)" geral e não restritivo.[3] Existe algo que ainda não produzimos, e precisamente isso expressa também o conceito de verdade.

Há muitas outras vozes, além de Boghossian – entre as quais se destacam Alain Badiou e Quentin Meillassoux –, que pedem finalmente um retorno à verdade. Ainda que muitos não tenham notado, Heidegger também tinha isso em mente, defendendo-se, com seu conceito de verdade, do construtivismo de Kant e da suposição de que o mundo dependeria totalmente do homem e da sua capacidade manipulativa. Estamos, portanto, na época de um novo realismo, que não teme mais a verdade e não se abala nem mesmo com a relatividade conceitual ou com a finitude de nosso saber. A relatividade conceitual e a finitude do saber só podem ser bem explicadas considerando a facticidade. Caso contrário, teríamos apenas contrassenso sem estrutura, sem mais capacidade de oferecer uma afirmação de alguma maneira aplicável conceitualmente.[4]

Este livro traz o desenho de uma ontologia hiper-realista que parte, portanto, da constatação de que existem fatos, acrescentando a esse realismo que tudo o que existe é englobado por fatos, sem que com isso se determine desde o princípio no que consistem. Daí conclui-se, entre outros aspectos, que não existe nenhum hiperfato relativo à totalidade dos fatos. Entendo por "fato" algo verdadeiro a propósito de alguma outra coisa. Assim, é verdadeiro, a propósito da minha escrivaninha, que ela se encontra neste momento diante de mim. A minha escrivaninha não é um fato, mas é "englobada" por fatos. Argumentarei a favor da tese de que

O SENTIDO DA EXISTÊNCIA

não há nada verdadeiro acima de todo o resto e de que esta é uma condição ontológica para que existam fatos em geral.

Esta pesquisa é, portanto, a tentativa de pensar profundamente uma posição radical oposta ao construtivismo dos fatos. Essa posição consiste na defesa da afirmação de que, em última instância, não construímos nem produzimos nenhum fato. O próprio falso é verdadeiro, no sentido de que é verdadeiro que seja falso. Não há como fugirmos dos fatos ou, como é dito em Mateus (10:30), "até mesmo os cabelos da vossa cabeça estão todos contados".

A ontologia hiper-realista que desenvolverei aqui em suas primeiras noções não parte, entretanto, do conceito de verdade, mas do conceito de existência, que considero, por motivos que serão expostos ao longo de minha pesquisa, no mínimo cooriginário do conceito de verdade, se não ainda mais fundamental do que ele. Nesse sentido defendo aqui uma ontologia "selvagem" ou, como diria Maurizio Ferraris, uma *Jungle-Ontology*.[5]

Afirmo que tudo existe e obviamente apresentarei diversos argumentos a favor dessa tese. Mais precisamente, defenderei que tudo existe, exceto uma totalidade onicompreensiva, um inteiro calculável mesmo que apenas em princípio. A pergunta que nos guiará será apenas: em qual nexo algo ocorre, ou – como direi adiante no livro – em qual campo de sentido algo aparece? As perguntas "Existem unicórnios nesta história?" ou "Onde vivem os lotófagos na geografia da *Odisseia*?" são tão sensatas quanto "Há instituições democráticas em Cabul?" ou "Existe matéria escura no universo?". Existem unicórnios, lotófagos, instituições democráticas e matéria escura, mas não um domínio onicompreensivo no qual todas essas coisas existam conjuntamente.

Este texto elabora, portanto, uma ontologia hiper-realista, afirmando que tudo existe e é englobado por fatos, exceto a totalidade onicompreensiva. Entendo por "ontologia" a resposta sistemática à pergunta: "O que é a existência?" Evidentemente, tal pergunta não pode ser respondida de modo pormenorizado *a priori*. Isto porque,

INTRODUÇÃO

em suma, experienciamos continuamente coisas e domínios de objetos que existem, mas ao mesmo tempo experienciamos o fato da impossibilidade de construir um nexo onicompreensivo dessas coisas e desses domínios. Nesse sentido, experienciamos a finitude, e não primariamente do modo único e irrepetível de nossa postura diante da morte, como pensava Heidegger.

Experienciamos a finitude porque a realidade é constitutivamente incompleta ou, digamos já nesta introdução, transfinita. Tudo existe e, para ser mais exato, existe de maneira que se encontra transfinitamente em transfinitos campos múltiplos. Se observarmos mais de perto os argumentos a favor dessa tese, podemos constatar que um domínio no qual todas as coisas existam é impossível. Esse fenômeno pode ser facilmente resumido na seguinte afirmação: *o mundo não existe*. O mundo – ou seja, um domínio onicompreensivo, uma soma ou o conjunto (*Inbegriff*) de tudo o que há – não existe. Por isso tudo permanece, em última instância, incompleto: a realidade é constitutivamente incompleta e, nesse sentido, finita. Ainda que a realidade consista em campos de sentido transfinitamente múltiplos, nela falta sempre algo, a regra da própria conclusão.

Além disso, argumentarei que experienciamos essa incompletude em diferentes planos. Deparamos com sua presença especificamente no plano de uma teoria do significado, na semântica, mas também na epistemologia ancorada a ela. As perguntas "O que é o significado?", "O que é o conhecimento?", mas também "O que é a verdade?" não podem ser respondidas independentemente do questionamento "O que é a existência?". A incompletude da realidade implica a incompletude do saber. Seja como for, isso não implica um ceticismo ou um construtivismo associado a ele, porque a incompletude é condição necessária para que algo exista em geral e – para que algo possa existir – para que existam campos de sentido transfinitamente múltiplos.

O SENTIDO DA EXISTÊNCIA

Esta pesquisa apresenta-se, assim, como expressão de uma reviravolta que abriu o século XXI. Como oportunamente destacou Quentin Meillassoux em *Après la finitude* [Depois da finitude], só agora começamos, lentamente, a autêntica revolução copernicana.[6] Na verdade, ela não consiste em fazer o mundo depender do sujeito para dar bases sólidas ao conhecimento, como defendeu Kant, mas – e esta é a verdadeira analogia com o argumento astronômico – *em integrar o sujeito no mundo*. Com Kant, ao contrário, presenciamos uma revolução ptolemaica, uma vez que o mundo se torna dependente do sujeito. Para o filósofo de Königsberg, o Sol, ou melhor, o universo inteiro gira ao redor da Terra e, mais especificamente, ao redor de alguns de seus habitantes. Considero, no entanto, tais habitantes extremamente provincianos de um ponto de vista cognitivo, ainda que dotados de capacidade para a verdade. Obviamente, as coisas não são de uma determinada forma porque as consideramos como tal ou porque julgamos que sejam assim ou de outra forma. Mesmo que se tratasse disso, a própria tese geral não seria verdadeira, precisamente porque julgamos assim ou de outra forma. De um modo ou de outro a facticidade da verdade nos precede, logo tudo depende de esclarecer de forma correta e profunda essa prioridade da verdade e, ainda mais especificamente, a prioridade da existência em relação à própria verdade. Recentemente, Wolfram Hogrebe definiu isso como um "pensar *a parte rei*".[7]

Ao longo do meu texto, ficará claro que o ser (a existência) está bem perto do nosso conhecimento, mais do que o próprio conhecimento está de si mesmo. Invertendo justamente a célebre afirmação de Descartes de que a natureza do nosso espírito seria mais conhecida (*notior*) do que aquilo que mais tarde foi denominado "mundo externo", devemos insistir no fato de que o ser está perto de nós, mais do que podemos estar de nós mesmos. Encontramo-nos no existente, existimos para nós mesmos. Sem dúvida, para nós mesmos somos também especialmente interessantes.

INTRODUÇÃO

De maneira concisa, poderíamos dizer que procuramos interesses inteligentes, interesses que se colocam em contextos muito mais abrangentes do que nosso "ser-sempre-meu" (*Jemeinigkeit*), como defendia Heidegger. Entretanto, contra ele, devemos insistir no fato de que é a nossa vida, com os seus interesses, que abre um mundo para além de nós mesmos, não o confronto com a nossa morte. Não é o ser-aí (*Da-Sein*) que nos interessa, mas o ser-aqui (*Hier-Sein*) ou, como já sabia Rilke, melhor do que Heidegger, o ser-aqui é o que suscita maravilhamento.* Não somos, entretanto, de maneira nenhuma ontologicamente privilegiados. Há sujeitos como nós, assim como galáxias, amontoados de lixo, pelos de gato, revoluções, Harry Potter e eventos indefiníveis que ocorrem a distâncias astronômicas entre si.

Como há alguns anos Maurizio Ferraris sugeriu,[8] devemos nos despedir de Kant, porque ele sobrevalorizou, de modo infundado, a suposta posição central do homem no cosmo, iniciando uma revolução ptolemaica. Na minha opinião, o erro de Kant resume-se à sua fundamental restrição da existência ao campo da "experiência possível".[9] De acordo com ele, tudo existe em um único âmbito, exatamente o da experiência possível. O que vale como possível depende das estruturas do nosso acesso ao mundo. É possível apenas o que é acessível para nós. Kant considera, portanto, que o que é acessível para nós deve depender, pela sua existência, de nós. Mas assim se distancia muito do objetivo demonstrativo que se propôs. Contra a própria vontade, ele mesmo propõe uma ontologia que, em uma passagem bem conhecida, havia acusado de excessivo otimismo.[10] Respondendo à pergunta sobre o que é a existência, ou seja, o que significa "existência", sua suposta "modesta" filosofia transcendental revela-se uma ontologia do sujeito. No fundo, para Kant nada existe sem a existência de um

---

* Gabriel se refere aqui a um célebre verso da sétima das *Elegias de Duíno*, "Estar [ser] aqui é maravilhoso *(Hiersein ist herrlich)*". (*N. do O.*)

sujeito. Certamente ele consegue mostrar que os objetos acessíveis para nós estão submetidos a condições de cognoscibilidade, mas isso não quer dizer que cumpram as condições de cognoscibilidade só porque existem seres como nós, capazes de utilizar conceitos. Se pela existência de um evento cognoscitivo demonstra-se que algo é cognoscível – porque foi conhecido –, não se deduz disso que ele tenha se tornado cognoscível, em primeiro lugar, justamente porque foi conhecido. A cognoscibilidade pressupõe antes uma facticidade.

Para defender que a pergunta "O que é a existência?" é a origem do mais fundamental dos projetos filosóficos não é preciso decerto muita argumentação. Além disso, está historicamente bem documentado que os primeiros passos da metafísica ocidental e provavelmente também da filosofia indiana e chinesa deram-se a partir dessa pergunta, ainda que de formas e com motivações sutilmente diferentes, assim como com resultados teóricos e sociopolíticos significativamente diversos. Chega a ser previsível referir-se a Parmênides, Platão e Aristóteles a esse respeito, e talvez para nós, ocidentais, seja um pouco mais emocionante lembrar os *Upanishads*, Lao-Tsé ou seu comentador especulativo Wang-Bi.

Exatamente como esses pensadores e muitos de seus sucessores acreditavam, a ontologia é e permanece, penso eu, a disciplina central da filosofia, sendo, repetimos, um projeto originado na tentativa de responder de forma sistemática à pergunta: "O que é a existência?" Na ontologia todas as coisas são decisivas e determinantes. A lógica, a epistemologia e a filosofia prática obtêm da ontologia a ordem e a validade de suas argumentações, ainda que alguns epistemólogos ou filósofos políticos, na esteira de Kant, Fichte, Nietzsche ou Marx, ou na apropriação de alguns desses autores por parte da filosofia francesa do século XX, tenham defendido que toda ontologia é desde sempre política ou que todo acesso às condições daquilo que é seja necessariamente historicamente mediado.

INTRODUÇÃO

Nestas páginas apresentarei, ao contrário, uma abordagem "pura" da ontologia, no sentido grego mais radical de pura teoria. Como poderão ver, tudo se constrói a partir do eixo de um condicional: *se algo existe em vez de nada, então existem fatos que tornam possível a existência das coisas que existem.* Este é o chamado *condicional de base*. Não há, portanto, nenhuma existência incondicionada. Isto levou epistemólogos a acreditar que a epistemologia fosse mais fundamental do que a ontologia. Avaliação absolutamente errônea, porque a partir do condicional não se conclui que as condições são condições do acesso, mas antes condições daquilo que é. Ora, para mostrar que o antecedente do condicional de base foi cumprido, nada é necessário além do próprio condicional. Se existe um condicional, existe algo, e dessa tese derivam já muitas outras coisas, algumas delas mais surpreendentes, outras mais cansativas ou até mesmo banais. Alguns dos resultados mais surpreendentes que discutirei são: que o mundo não existe, que existem campos de sentido transfinitamente múltiplos, que todos os objetos são domínios de objetos e vice-versa, que nem tudo depende da mente em um sentido metafisicamente surpreendente, que a existência do condicional é contingente, que a antiga ferramenta do regresso ao infinito não tem aplicação na ontologia etc. Além disso, a ontologia que apresento aqui traz uma compreensão completamente nova das modalidades – atualidade, contingência, necessidade, possibilidade – e, portanto, o esboço de uma teoria das condições de possibilidade da liberdade.

Em termos gerais, a vanguarda filosófica do século XXI pode ser vista como um amplo regresso à ontologia, com novas ontologias sendo fundadas praticamente em todos os cantos, da França à Itália, do Reino Unido aos Estados Unidos, na Alemanha e na Sérvia, mas também em lugares inesperados como Beirute (Ray Brassier) ou o Cairo (Graham Harman). A nova "Internacional" da filosofia funda-se de fato com um novo universalismo, que possibilita, entre outras coisas, uma variedade ontológica de

O SENTIDO DA EXISTÊNCIA

comunismos, como o de Žižek e o de Badiou. Assim, a cena filosófica pós-pós-moderna, surpreendentemente, não poderia ser mais emocionante, e há considerável esperança para uma nova filosofia global. Esse movimento global é, em certo sentido, mais tranquilo se comparado às turbulências epistemológicas do século passado. Fundamentalmente não perturbados pela possibilidade do ceticismo, os filósofos simplesmente começaram a desenvolver novas vias ontológicas.[11]

Esse projeto não está imediatamente destinado à falência, como certos ingênuos nietzschianos poderiam suspeitar, com sua falsa modéstia e a quase ritualizada veneração das "suas" limitações de perspectiva, uma vez que não se trata de uma descoberta recente de superpoderes, que permitiria finalmente transcender nossa finitude cognitiva; a ontologia funciona simplesmente porque é desprovida de pretensões. Ela nos pede apenas que aceitemos algumas versões do condicional de base, obtendo as consequências de sua existência, a qual está, aliás, bem documentada pela própria inscrição nesta folha de papel e pela nada banal circunstância da sua existência, de você, leitor, diante dela. Uma frase impressa em papel tem, na qualidade de documento, considerável valor ontológico, como demonstra Maurizio Ferraris com sua ontologia documental. Esse autor nos apresenta resultados por vezes surpreendentes nesse sentido e pode ser considerado, na Itália, o verdadeiro precursor de uma ontologia orientada para o objeto, sendo também membro fundador da atual vanguarda neorrealista internacional.[12]

Para demonstrar como minha argumentação vai se desenvolver neste livro, permitam-me traçar um rápido esboço do texto, que se inicia oficialmente em seguida a esta introdução, com um capítulo sobre o significado e a existência. A tese principal que defenderei é a de que a existência é o *aparecimento em um campo de sentido*. Para chegar a esse resultado, defenderei que *um conceito revisionário de existência é inevitável*. Um conceito não revisionário de existência busca assimilá-la a uma propriedade própria. Na

INTRODUÇÃO

minha concepção, uma *propriedade própria* é uma propriedade com a qual, referindo-se a ela, é possível distinguir um objeto no mundo de outro ou de outros objetos no mundo. Nesse sentido, ser vermelho ou ser um muro de tijolos é uma propriedade própria, enquanto ser idêntico a si mesmo ou a existência não são.

Predicados como o da existência e o da identidade não reservam para si um espaço lógico, mas antes sustentam que este espaço, no mínimo, não é necessariamente vazio. Entretanto, a existência é mais interessante do que a identidade, porque frequentemente nos enganamos em relação à primeira, enquanto não nos equivocamos tanto assim a propósito da segunda. E a razão disso é que estamos habituados a associar, quando não mesmo a identificar, a existência com ser parte de um mundo espaçotemporal. Enquanto o conceito de existência parece ser de algum modo claro, o conceito de identidade é muitas vezes discutido, já que vamos em busca de nossos interesses apenas se pudermos identificá-los, ao passo que a existência própria dos interesses e dos objetivos a serem alcançados geralmente está já pressuposta. Por isso, quando interrogamos a existência, nossa miopia é maior do que quando colocamos a identidade em questão.

Mesmo aceitando em nossa ontologia as chamadas "entidades abstratas", como números, conjuntos ou pensamentos, os objetos espaçotemporais continuam a valer como casos paradigmáticos de objetos, e isso na maior parte das ontologias. A óbvia razão é que estamos especialmente interessados nesses objetos, uma vez que eles podem nos fazer perder a vida; e, mais cedo ou mais tarde, o farão. No fundo, todas as ontologias tradicionais talvez nada mais sejam do que a expressão do medo de um animal que identifica a ontologia em objetos espaçotemporalmente extensos, sendo estes as únicas entidades que, graças à sua saliente materialidade, podem ferir ou se chocar contra sua frágil corporeidade.

A ontologia tradicional trata sempre da vida e da morte, ao passo que na ontologia que proponho vida e morte não são nada além de entidades particulares. Existem planetas, mares, vulcões, morte, vida e números. Claramente, a vida e a morte são de especial interesse para nós, seres mortais, mas isso não significa que tenham alguma prioridade para o conceito de existência. Não estamos defendendo aqui uma biopolítica contemporânea, nem uma espécie de bio-ontologia (derivada da zoo-ontologia do *Sofista* de Platão).

Em ontologia, não importam nossos interesses de sobrevivência. Por este motivo, muitos ontologistas da tradição apresentaram a exagerada tendência de pensar em si mesmos como imortais, seres divinos ou semelhantes a Deus. Entretanto, tampouco esse aspecto do glorioso passado terá muita importância aqui, pertencendo aos *Tales of the Mighty Dead*, aos "contos dos grandes mortos", lembrando o programático título de Robert Brandom.

Defenderei que não existem apenas uns poucos reinos de existência, que nos fariam acrescentar apenas números e instituições aos objetos espaçotemporais em nosso conjunto. Existem campos de sentido transfinitamente múltiplos, alguns vazios e outros que, por sua vez, contêm objetos transfinitamente múltiplos, como a própria teoria dos conjuntos transfinitos. É fato que uma viagem de trem, a cena de um sonho, um conto ou uma peça teatral são campos de sentido com o mesmo direito ontológico que a Via Láctea ou todo o universo físico, isso se pudermos verdadeiramente chamá-lo de "todo". Atenho-me, assim, à verdade de que tudo existe, o que de forma nenhuma significa ou pressupõe que tudo deva existir no mesmo campo de sentido. Pelo que sei, é verdade que não existem, atrás da Lua, unicórnios fêmeas usando uniformes da polícia. Entretanto, há unicórnios fêmeas usando uniformes da polícia atrás da Lua na frase anterior e no pensamento expresso por ela. Isso nada tem a ver com "a barba de Platão", como Willard Van Orman Quine, um influente e muito sóbrio colega nosso, infelizmente falecido, teria desconfiado.[13] Entretanto, sem ter que recorrer a afirmações malucas sobre a atual população da Lua, veremos que o monismo fisicalista de Quine é necessariamente

INTRODUÇÃO

falso. Além disso, considero que Hans Castorp existe; que Zeus existe; que Moisés foi realmente amado por Deus; que há um Deus onipotente e que Jesus caminhou sobre as águas e ressuscitou, ainda que não defenda que todas essas coisas tenham ocorrido em um universo espaçotemporal, pelo menos não no mesmo sentido em que declaro que estou levantando minha mão esquerda, e de fato a levanto!

Entretanto, se a existência depende do campo, como afirmarei, então existe um campo de sentido, nesse caso o Evangelho, no qual Jesus caminha sobre as águas. Ele, portanto, existe no campo de sentido do Evangelho com o mesmo direito com que existo agora no campo de sentido espaçotemporal. Ontologicamente, o espaço-tempo não tem privilégio, ainda que, é preciso admitir, por vezes seja muito impressionante para criaturas scientes dotadas de interesses biologicamente programados. Jesus, Buda, o marxismo ou o capitalismo, entretanto, são mais importantes que o universo, pelo menos no que diz respeito ao campo de sentido da história ocidental e oriental, tenham eles realmente existido no espaço-tempo ou não. Alguns campos de sentido simplesmente não podem ser explicados em detalhe com referência ao universo, entendendo por universo aquela coisa espaçotemporalmente extensa que é objeto de estudo da física. O universo, no sentido exato do âmbito da física, é uma província ontológica de impressionante amplidão, mas não esgota de modo algum tudo aquilo que existe. Isto porque o que não existe no universo ainda assim poderia existir em um sonho que tive ou em um filme. Uma das conclusões mais relevantes deste livro é que a existência é sempre relativa a um campo, e que privilegiar o universo em ontologia é uma postura passível de ser acusada de antropocentrismo. Esta pesquisa poderá lembrar ao leitor a "teoria do objeto" de Alexius Meinong, que abordarei mais adiante no livro.[14] Meinong buscou desenvolver uma teoria que tratasse de qualquer objeto, compreendido puramente como objeto. Sua intenção era investigar os objetos reais ao lado dos

O SENTIDO DA EXISTÊNCIA

objetos ideais e fictícios, que chamava exatamente de não existentes. Entretanto, diferentemente de Meinong, não penso em geral a existência como realidade. Para Meinong a existência é o ser real; ele não atribui existência a objetos matemáticos. Em minha ontologia, não há distinção entre ser como expressão geral e existência como uma forma determinada de ser. Considero, diga-se de passagem, fatal que ele tome como não existentes os fatos que define como "objetivos".[15]

Ao mesmo tempo que acredita que um aguaceiro é um objeto real, existente, sua teoria não afirma que também existe o fato de estar chovendo. Ele se atém ao pensamento de uma "totalidade do que existe".[16] Este livro questiona essa tese e, portanto, a hipótese de um único mundo real, constituído por objetos existentes. Por isso o paralelo com Meinong é bastante superficial, porque não há dúvidas de que busco construir uma teoria do objeto, porém fundamentada em um conceito de existência completamente diferente, mais ligado a determinadas considerações de Cantor e Putnam.

No primeiro capítulo, "Significado e existência", proponho minha resposta à pergunta: "O que é a existência?" Nesse contexto, abordo a questão da relação entre sentido fregiano e existência, traçando um quadro explicativo dessa relação. Acredito que Frege estava de algum modo no caminho certo e que as suas intuições mais preciosas se perderam uma por uma nas suas sucessivas elaborações, realizadas por Russell, Carnap e Quine. Na tentativa de reelaborar a ontologia de Frege como uma semântica ou uma epistemologia, eles acabaram enfraquecendo o viés ontológico com o seu trabalho. Fortemente ligado a esse juízo, defenderei que o mundo não existe, porque não pode cumprir as condições mínimas da existência: o aparecimento em um campo de sentido ou, se preferirem, em um contexto.

No segundo capítulo, "Facticidade, acessibilidade e contingência", respondo às recentes contribuições de Badiou e Meillassoux para a filosofia especulativa. Basicamente, argumentarei a favor

INTRODUÇÃO

da afirmação de uma contingência radical, a qual postula que todas as afirmações de uma necessidade são, em última análise, contingentes. Contingente é também o cumprimento do antecedente dos condicionais de base: se algo existe em vez de nada, então existem fatos que tornam possível a existência das coisas que existem. Não é necessário existir algo em vez de nada, mas é necessário, por exemplo, existirem transfinitamente, em nenhum sentido enumeráveis, múltiplos campos de sentido, se algo existe em vez de nada. A contingência do cumprimento do antecedente do condicional de base deixa seus próprios vestígios sobre as modalidades de existência.

Na segunda parte do capítulo, argumentarei que não existem regressos ao infinito em ontologia, ou melhor, que o "regresso ao infinito", que, por exemplo, poderia ser usado em uma *reductio ad absurdum*, não é um instrumento argumentativo utilizável em ontologia.

O terceiro capítulo, "A universalidade do sentido", é claramente uma resposta à questão levantada por Meillassoux em um recente debate ocorrido em Paris. Meillassoux queria saber se minhas afirmações gerais estão vinculadas a uma forma de universalismo e como isso poderia se correlacionar à minha afirmação de uma contingência radical. Minha resposta será que existe um universalismo paradoxal e performativo. O que é universal é somente o fato de que não existe nada universal, mas peço que não tomem isso como uma justificativa pós-moderna barata do multiculturalismo capitalista americano. A resposta se aproxima da leitura que Badiou propõe de São Paulo, embora esteja certamente distante das aspirações cristãs do filósofo francês.[17] Poderíamos interpretar São Paulo como um comunista militante, no sentido proposto por Badiou, mas seria estranho negar que ele defenda uma forma singular de universalismo que levanta questões dialéticas sobre a própria relação com o singular. Uma vez que Badiou apoia a própria leitura em sua própria ontologia, proponho uma leitura

O SENTIDO DA EXISTÊNCIA

diferente, apoiada em uma ontologia diferente. Concordo realmente com ele quando afirma que a única fundação disponível do universalismo é uma versão da afirmação de que o Uno não existe. Não podemos contar com uma regra última da contagem das coisas à nossa disposição. Considerando isso, chegamos a uma forma de democracia radical, se quiserem, que defende essencialmente que a verdade deve ter lugar na caverna que, de outro modo, seria a caverna de Platão. O filósofo, como o último Foucault defendeu, é assim obrigado à parrésia.[18] O fato de se procurar fazer pura teoria, o que é amparado por instituições democráticas, é um ato político, é uma afirmação de liberdade, liberdade de transcendência ou, dizendo à francesa com um sotaque evidentemente alemão, a liberdade do evento. Essa transcendência é, portanto, nossa capacidade para a verdade: somos capazes de afirmar e fundar verdades que provêm da aceitação de regras de fundação. Com relação às nossas convicções, a verdade é potencialmente transcendente, por isso é também uma norma, mas certamente não uma norma que existe exclusivamente porque a reconhecemos.[19]

Na última parte, "Divergência e objeto", voltarei à distinção fregiana entre sentido e significado, com o objetivo de argumentar, contra Habermas, que a divergência é igualmente originária, se não até mesmo precedente à sua relação com o consenso. Estabelecerei a distinção entre a divergência como condição ontológica de desacordo, por um lado, e o desacordo como forma de divergência discursivamente explícita, por outro. Penso que não existem objetos sem divergência ontológica, o que não quer dizer que não existam objetos sem desacordo, o que seria ou uma afirmação absurda ou uma afirmação que, de qualquer maneira, necessitaria de alto grau de esclarecimento.

Poderia ser elucidativo começar com uma consideração histórica sobre a gênese da postura que defendo, mas para isso remeto a meu mais recente trabalho, *Transcendental Ontology: Essays in German Idealism* [Ontologia transcendental: Ensaios sobre o idea-

INTRODUÇÃO

lismo alemão]. Essa obra é uma espécie de primeiro esboço de uma ontologia hiper-realista correspondente que, se quisermos, pode ser interpretada como desenvolvimento da ontologia transcendental do idealismo alemão. Isso porque, exatamente como afirmam as críticas feitas a Kant por Jacobi, Fichte, Hegel e Schelling, devemos conseguir ultrapassar a estética transcendental, rumo a um novo horizonte ontológico.

Esta obra teve origem em um ciclo de conferências que dei no Istituto Italiano per gli Studi Filosofici. Gostaria de aproveitar a ocasião para agradecer especialmente a Gerardo Marotta e a Antonio Gargano, pelo gentil apoio a minhas atividades em Nápoles nos últimos anos. Além disso, um sincero agradecimento a Maurizio Ferraris, com o qual, em muitos pontos, estou cada vez mais de acordo. Naturalmente, gostaria também de agradecer ao meu colaborador e tradutor Simone Luca Maestrone, com quem discuti o livro que nascia, durante todo o percurso de sua escrita, em infinitas conversas em Bonn, Nápoles e Nova York. Pelas possíveis faltas desta obra sou, é claro, o único responsável. Gostaria também de agradecer ao Käte Hamburger Kolleg "Recht als Kultur" e ao seu diretor, Werner Gephart, por me concederem um ano inteiro de pesquisa, durante o qual pude elaborar este projeto. Um agradecimento também à Universidade de Bonn, especialmente ao seu reitor, Jürgen Fohrmann, e ao seu diretor, Reinhardt Lutz, pelo extraordinário apoio a minhas atividades, desde a minha designação para essa escola até o seu esforço para possibilitar um pensamento filosófico livre. Por fim, agradeço, como sempre, a Wolfram Hogrebe, por nossas inumeráveis discussões filosóficas. Há uma década ele me convenceu de que o construtivismo kantiano encontra os próprios limites no fato de que a realidade é sempre algo além daquilo que tínhamos pensado.

Concluindo, gostaria de salientar muito rapidamente que, por motivos que antecederam a elaboração do texto, discuto aqui uma versão específica do "realismo especulativo" difundida há

O SENTIDO DA EXISTÊNCIA

algum tempo na chamada filosofia continental. Poderia, do mesmo modo, começar debatendo a vanguarda da filosofia analítica. De fato, além de Boghossian, foram especialmente importantes para mim os trabalhos de James Conant sobre o "perspectivismo" e a verdade, mas também o contínuo debate com Thomas Nagel – seu realismo e sua concepção da racionalidade – durante meu pós--doutorado na New York University e a atuação como professor na New York School for Social Research.[20] Por razões contingentes, escolhi uma abordagem que na verdade se alimenta tanto de fontes analíticas quanto de fontes europeias em sentido estrito, também porque tenho a nítida convicção de que não existem uma filosofia analítica e uma filosofia continental, mas apenas filosofia. Isso vale principalmente para a ontologia. Ela é *per definitionem* um programa universal, nunca regional, também quando afirma – como neste livro – que existem apenas províncias ontológicas, campos de sentido, ainda que em transfinitas quantidades.

O método que utilizo é, assim, em certo sentido, analítico, já que buscou elaborar argumentos os mais claros possíveis, mas ao mesmo tempo pode ser chamado de europeu (ou continental), justificando a ambição de investigar, com a filosofia, a totalidade do existente e de considerar a sua integração em uma concepção genérica de mundo e de cultura, também social e politicamente relevante. Sem dúvida, tudo depende aqui de quais convicções metafilosóficas adotamos, ou melhor, de quais convicções metodológicas adotamos. Diga-se de passagem, Wilfrid Sellars, David Lewis e Robert Brandom desenvolvem, tanto quanto Fichte, teorias sobre a totalidade do existente. Nesse sentido, este livro não é nem analítico, nem europeu-continental, uma vez que em termos gerais nega a dita "virada linguística".

A separação, ocorrida no século passado, entre filosofia continental (entre outras, fenomenológica e hermenêutica) e filosofia analítica é, no fundo, compreensível como a distinção entre duas possíveis maneiras de levar a cabo a chamada "virada linguística". O

INTRODUÇÃO

que está em questão é na verdade o valor específico da linguagem. Enquanto Frege, Carnap, Russell e o Wittgenstein dos primeiros tempos, para lembrarmos apenas alguns nomes, buscam construir uma linguagem ideal concordando sobre o fato de que na base das línguas naturais, assim como na linguagem poética, encontra-se uma estrutura lógica profunda, do outro lado, Husserl, Heidegger, o último Wittgenstein, Gadamer e Derrida defendem as línguas naturais e a poesia como os lugares da verdade, em oposição ao esquecimento do ser e da linguagem da ciência matematizada. Ambas as versões da virada linguística não são mais críveis, desta forma, hoje.[21]

Aqui não se aceita a tese de que deveríamos procurar uma estrutura profunda dos nossos pensamentos – a qual seria potencialmente simulada pela gramática – com a finalidade de, assim, dar forma à estrutura dos próprios fatos. Além disso, refuta-se a concepção de que, segundo a célebre formulação de Gadamer, "o ser que pode ser compreendido é a linguagem".[22] A mosca foi libertada do copo há muito tempo e faz tempo que não chega mais a ser sequer mosca. A oposição entre filosofia analítica e hermenêutica – que determinou grande parte do pensamento filosófico do século passado – simplesmente não tem mais sentido depois da *virada ontológica*, porque ambos os grupos partiram sempre do pressuposto de que nosso *acesso* ao mundo (não o próprio mundo) fosse objeto da filosofia, considerando que jamais adentraríamos o próprio mundo ou o reino dos fatos. Algo estava sempre no meio do caminho: a língua, a ideologia, os signos, a política ou alguma propriedade do ser-homem. Mas por que concluir que para nós os fatos estão ocultados, pela simples razão de que não conhecemos tudo? Se alguns fatos estão ocultados e se muitos outros assim permanecerão para sempre, isso não leva necessariamente a afirmar que não existem fatos e que é totalmente impossível ter acesso efetivo a eles.

O SENTIDO DA EXISTÊNCIA

A filosofia também é um produto social; digamos que ela acontece bem no meio da sociedade, sentindo-se responsável em relação a ela. A responsabilidade do filósofo é, portanto, uma responsabilidade com relação à verdade, que ele busca independentemente das modas metodológicas ou de suas preferências. Por isso, ao contrário do habitual, procurei não usar aqui nenhum jargão específico, esclarecendo o máximo que pude as bases para o projeto de um novo realismo. Certamente minhas linhas de raciocínio podem ser equivocadas. Todo pensamento é falível. O que seria de um projeto filosófico sem a exposição à divergência ou às objeções? Uma filosofia que quisesse obrigar seu interlocutor ou a opinião pública a aceitar de uma vez por todas as suas teses não seria apenas agressiva, mas perderia a própria ligação com a liberdade, que consiste, no mínimo, em procurar fatos de modo comum, em descobrir o que é verdadeiro e como explicar que esse ou aquele fato existe. Se a metafísica é um "campo de lutas sem fim",[23] não é devido à inexistência de fatos, mas, na melhor das hipóteses, ao nosso constante desacordo sobre o que seriam os fatos por si mesmos. Isso, entretanto, é o próprio indício da existência de fatos. Não temos nada mais que o fato de que existem fatos, isto é, a facticidade. Podemos chamar isso de "ser", e eu poderia dizer que concordo. No entanto, veremos por que prefiro falar de "existência".

1. Significado e existência

Parece ser uma verdade inquestionável o fato de existirem muitas coisas e muitos fatos que podem ser obtidos independentemente de um caso específico de referência ou de uma série de opiniões com capacidade para a verdade. Não sendo oportuno entrar nos detalhes históricos desse fato, ainda assim gostaria de arriscar-me a afirmar que não há filósofo – nem mesmo Berkeley em seus piores momentos – que alguma vez o tenha seriamente colocado em dúvida ou que o tenha negado. Nas palavras de filósofos como Bernard Williams e, mais recentemente, Adrian Moore, permitam-me apresentar essa irrefutável verdade do seguinte modo: *Alguma coisa existe, seja como for*.[1] Introduzindo minha atual constelação de inquietações, gostaria logo de acrescentar: o que existe, seja como for, algumas vezes também se refere a, por exemplo, em um paradigma epistemológico, casos como a consciência de que existe uma folha de papel à minha frente. Há alguma coisa a propósito do ser da folha diante de mim que independe do seu relacionar-se a algo como tal; por exemplo, o fato de existir uma folha de papel em um ponto específico no espaço e no tempo, que pode ser identificável atualmente em referência à minha posição e à minha perspectiva espacial.

A recusa da inquestionável verdade, que tomo como uma obviedade realista, leva a um contrassenso filosoficamente monótono, no melhor dos casos psicótico. Por essa razão, ao início do capítulo, um pouco apressadamente, não creio que a questão do idealismo tenha a ver com a afirmação ou a negação da verdade inquestionável afirmada. Em todo caso, o tema do idealismo se apresenta certamente em outro plano de reflexão. A verdade inquestionável afirma que

O SENTIDO DA EXISTÊNCIA

existe alguma coisa, seja como for. Não especifica nem que coisa seja (para tudo aquilo que conhecemos, sejam ideias platônicas, folhas de papel ou camarões), nem se está vinculada a uma determinada quantidade maior do que um. A questão interessante é se existe um modo específico no qual toda coisa é, e – se isso existe – se podemos identificar esse modo particular no qual toda coisa é.

Williams e Moore, por sua vez, argumentam a favor de uma "concepção absoluta da realidade (*absolute conception of reality*)",[2] segundo a qual a realidade, ou o mundo, seria algo como *o domínio* de tudo aquilo que existe, seja como for. Mas evitam, infelizmente, tornar essa afirmação metafísica mais clara. O que é o mundo? É uma entidade sobre a qual pode ser dito que existe, seja como for – muitos dos pensamentos de Moore parecem tomar essa direção –, ou é um domínio?

Dizer claramente sobre alguma coisa que ela existe de forma substancial, em todo caso – seja ela o mundo –, parece pressupor que se pensa nela nos termos de uma entidade ou de um indivíduo. Por muitas razões, algumas das quais serão descritas no texto, acredito que essa seja uma concepção equivocada do mundo. Já seria melhor pensar no mundo como um domínio que, no mínimo, contém múltiplas coisas, as quais, por sua vez, existiriam seja como for. Naturalmente há também coisas que não existem seja como for, porque sua existência depende de estados/atos mentais ou intencionais, por exemplo, os estados/atos intencionais! Se o critério do seu existir seja como for consistisse em serem independentes dos estados mentais, então, naturalmente, não existiriam, fosse como fosse, estados mentais. A questão não é, portanto, se tudo existe seja como for – já que isso é falso –, mas se o mundo é algo que existe seja como for e, não o sendo, se isso nos conduz a um solipsismo ou a uma forma incoerente de construtivismo.

Neste capítulo de abertura, examinarei em primeiro lugar a noção de existência e defenderei que a existência é o aparecer-em-*um*-mundo. Na segunda parte do capítulo, defenderei que o mundo não existe. Nesse contexto, apresento principalmente

SIGNIFICADO E EXISTÊNCIA

algumas versões de argumentos de Cantor e de Russell contra a existência de um todo onicompreensivo, apenas para mostrar que essas considerações não alcançam o escopo das suas pretensões ontológicas. Argumentos de uma teoria dos conjuntos não podem ser construídos contra a existência do mundo, porque a fundação semântica da teoria dos conjuntos não cobre a multivocidade da noção de existência. Entretanto, há pelo menos três argumentos interessantes contra a existência do mundo, que têm uma semelhança de família com os argumentos da teoria dos conjuntos, mas que não podem ser resolvidos recorrendo-se a um sistema de axiomas.

Na terceira e última parte do capítulo, defenderei que a não existência do mundo é uma condição de possibilidade da existência do sentido. Mesmo se nos mantivermos aferrados à verdade inquestionável, como acredito que deva ser feito, será necessário abandonar a "concepção absoluta da realidade" apresentada por Williams e Moore. Em si, isso não resultará em uma versão de um idealismo unilateral, mas em um niilismo de rosto feliz a propósito do mundo. É melhor, definitivamente, que tudo exista, menos o mundo, já que de outra forma não existiria mesmo nada.

O que é a existência?

Frege, como é sabido, defendeu que a existência não pode ser propriedade dos objetos, mas deve ser propriedade dos conceitos. Para entender e poder criticar essa afirmação revolucionária – antecipada parcialmente pela crítica kantiana ao argumento ontológico –, consideremos o seguinte raciocínio. Chamamos *propriedade própria* uma propriedade que permite distinguir o objeto ao qual é atribuída de outros objetos do mundo. Por exemplo, a propriedade de ser doce caracteriza uma maçã madura em oposição à água salgada do mar. Alguns filósofos racionalistas acreditavam também que os objetos não passam de uma reunião ou de conjuntos de propriedades, ou seja, o cão é o conjunto das

O SENTIDO DA EXISTÊNCIA

propriedades C = {quatro patas, peludo, mamífero etc.}. O número cardinal desse conjunto é finito. Nessa tradição, os objetos eram, portanto, descritos como conjuntos finitos de propriedades ou, mais precisamente, como n-múltiplos de propriedades, nos quais a organização é hierárquica. É mais importante para um cão ter quatro patas e um código genético do que ser chamado de Sílvio. Deixando de lado os detalhes, acredito que seja consideravelmente intuitivo descrever as propriedades próprias como aquelas que distinguem um objeto de outros objetos do mundo.

Ora, podemos nos perguntar se a existência é uma propriedade própria, isto é, se ela descreve um objeto de modo a distingui-lo de outros objetos do mundo. E a resposta é clara: não! Dado que todos os objetos do mundo são considerados existentes, todos partilham da propriedade de existência. Portanto, não podem ser individualizados com referência à sua existência. Por esse motivo não há sentido em dizer: "Olha, conheço um determinado objeto, mas sei apenas que ele existe. Essa é a única propriedade dele que me foi revelada." A existência não é uma característica discriminativa dos objetos.

No entanto, ela é utilizada em juízos. Podemos fazer e compreender a afirmação "há cães" ou "existem cães". Algumas pessoas acreditam que afirmações existenciais desse tipo se referem exclusivamente à propriedade de ser perceptível no espaço e no tempo, convicção que denota uma ontologia incrivelmente ingênua. Menciono isso apenas brevemente, pois essa afirmação não merece nem mesmo o esforço devido para refutá-la. Outro modo de evitar o caminho pelo qual levo vocês seria defender que a existência é uma propriedade própria, porque distingue os objetos existentes, os objetos do mundo, de objetos não existentes, meramente possíveis. A existência seria, assim, parte de uma caracterização do objeto e, consequentemente, uma propriedade própria. Dessa forma, os cães existentes seriam caracterizados por conjuntos do seguinte tipo:

$$C_3 = \{\text{peludo, quatro patas, ladrador, ..., existente}\}$$

SIGNIFICADO E EXISTÊNCIA

Enquanto unicórnios vestidos com uniformes da polícia seriam descritos em conjuntos desprovidos da propriedade de existência:

$U_{\neg\exists}$ = {uniforme da polícia, chifre, quatro patas, cauda...}.

Ainda assim, nessa versão, o conjunto de todos os objetos existentes seria distinguível do conjunto de todos os objetos não existentes. A existência deixaria de ser uma propriedade que distingue um objeto *dentro* do mundo de outro objeto. E, por esse motivo, deixaria de ser uma propriedade própria, como "peludo". "Ser peludo" e "existir" não funcionariam mais no mesmo plano; teriam sempre funções diferentes. Portanto, a existência não pode se tornar plenamente semelhante a uma propriedade própria. Isso justifica um conceito revisionário de existência, entendendo por "revisionário" um conceito de existência que, pelo menos, não afirma nem que a existência seja uma propriedade própria, nem que seja uma propriedade a ser encontrada no espaço-tempo ou que possa ser perceptível.

Em um contexto parecido, Frege propôs interpretar "existência" como um predicado de ordem superior, que pode ser exclusivamente atribuído a conceitos, isto é, a funções, as quais são utilizadas para atribuir propriedades em juízos, com o fim de ter pensamentos determinados a propósito das coisas. Segundo Frege, se afirmamos que existem cães, afirmamos que o conceito *é um cão* possui uma extensão cujo número cardinal é maior do que o conjunto vazio. Em outras palavras, afirmar que existem cães é afirmar que existem objetos que são abarcados pelo conceito *é um cão*. A relação de "ser abarcado" pode então ser definida como a relação de satisfação de um conceito de função F(x), do qual extraímos o valor de verdade "verdadeiro". Se Ruby é um cavalo, então a asserção existencial segundo a qual existem cavalos é verdadeira, porque Ruby satisfez a função C(x), para a qual C(Ruby) estabelece a verdade.

Ora, nos limites reduzidos da ontologia dualística própria de Frege, que reconhece apenas objetos e conceitos e os define por meio do papel que desempenham para determinados valores de verdade

O SENTIDO DA EXISTÊNCIA

dos pensamentos, isso dá lugar a um paradoxo. Se os conceitos são funções e os objetos são argumentos de uma função, então os conceitos se transformam em objetos logo que nos referimos a eles, logo que pensamos neles. Por isso, a seguinte afirmação é verdadeira:

(Paradoxo de Frege) "O conceito de cavalo não é um conceito."[3]

A expressão ou o nome próprio "o conceito de cavalo" não é realmente um conceito, uma vez que tem a função de argumento de função. Frege acreditava que no fundo jamais poderíamos falar literalmente de conceitos, apenas aludir a eles. Eis, aliás, a fonte da distinção wittgensteiniana entre dizer e mostrar: os conceitos são aquilo que não pode ser dito e que devemos calar!

Ele se recusa a explicar isso de modo mais claro, não indo mais fundo. Como veremos no próximo parágrafo, em uma perspectiva diferente, o conjunto de bases teóricas do conceito fregiano de existência fica, no melhor dos casos, incoerente de qualquer modo. Basta dizer que os conjuntos são modelos ruins para a extensão dos conceitos ordinários. A não existência de algo como o conjunto de todos os "cavalos" é um fato. Não somente porque o conceito de "cavalo", alargadas as nossas intuições e colocadas à prova as nossas crenças sobre cavalos, poderia revelar-se surpreendentemente vago, mas também porque os conjuntos não se compõem de objetos. Os objetos não são os elementos dos conjuntos. Os únicos elementos de uma pura teoria dos conjuntos são os próprios conjuntos e, em última análise, o único conjunto que existe, e do qual todos os outros conjuntos podem derivar, é o conjunto vazio. A teoria dos conjuntos quantifica apenas com o nada, multiplicando-o habilmente. Com o fim de pensar em "todos os cavalos", não deveríamos, portanto, reduzi-los a membros dos conjuntos.

A diferença entre conjuntos e grupos de cavalos já se nota facilmente no fato de que um conjunto cujos elementos são três cavalos é perfeitamente idêntico a outro conjunto cujos elementos são três gatos. Isso porque a identidade entre conjuntos é definida pela relação

SIGNIFICADO E EXISTÊNCIA

de atribuição dos seus elementos. Já que para cada cavalo pode ser atribuído um gato, os dois conjuntos mencionados são considerados idênticos. Assim sendo, na teoria dos conjuntos, não se trata de grupos de objetos, mas de "puras multiplicidades" e, além disso, foi por essa razão que Cantor chamou o próprio projeto também de "doutrina da multiplicidade (*Mannigfaltigkeitslehre*)".[4] Grupos de cavalos não são multiplicidades puras. Contudo, também é verdade que existem grupos de cavalos, existindo cavalos. Consequentemente, uma análise do conceito de existência pela teoria dos conjuntos não pode valer como ontologia, uma vez que vale seja como for para conjuntos, mas não para todos os objetos que existem.[5]

Desse modo, é no mínimo problemático interpretar a existência nos termos de um *quantificador* existencial. Precisamos limitar a célebre definição de "ser" proposta por Quine, para a qual "ser" quer dizer o valor de uma variável vinculada.[6] Além disso, não queremos sempre saber *quantos* "x" existem quando queremos saber *se* existem "x". A pergunta referente à quantidade e a pergunta sobre a existência não coincidem sempre, por isso o quantificador existencial, que certamente satisfaz uma função fundamental em matemática, é totalmente impotente em ontologia.

Apesar disso, a existência não pode ser uma propriedade própria no âmbito dos objetos. Desse modo, parte das motivações de Frege e Quine na sua identificação do ser com o quantificador existencial está correta. Não podemos, entretanto, *reduzir* a existência ao quantificador existencial, porque não existe um conjunto equivalente aos cavalos. Os cavalos, mais uma vez, não podem ser elementos de conjuntos matemáticos.[7]

Além disso, tanto o conceito de existência kantiano quanto o fregiano tendem a um exagero idealístico. De acordo com Kant, em geral existem objetos apenas quando é possível referir-se a eles em convicções com capacidade para a verdade, se há "experiência possível". Para Frege, existem objetos apenas se existem conceitos, os quais abarcam, por sua vez, os objetos. Mas o que pensa realmente Frege quando se empenha em defender que o Vesúvio existe

O SENTIDO DA EXISTÊNCIA

apenas se existe o conceito de Vesúvio? Seria Frege tão platônico a ponto de atribuir um conceito para tudo o que existe – abarcando, consequentemente, tudo –, mesmo quando jamais poderíamos conhecer esse conceito? Essa hipótese seria, nessas circunstâncias, a correta. Entretanto, Frege não se pronuncia sobre ela, uma vez que está sempre e exclusivamente interessado em conceitos bem-definidos, o que não lhe permite compreender uma grande variedade de objetos existentes, por exemplo, as obras de arte.

O que é, então, a existência? Proponho defini-la como o *aparecimento-em-um-mundo*. Não é a relação de "estar incluído em um conceito" ou de "satisfazer uma função", mas o fato de alguma coisa aparecer dentro de um campo de sentido, dentro de um mundo. Por exemplo, se afirmo que existem cavalos, individua-se um campo de sentido dentro do qual é dito que os cavalos aparecem. Algumas pessoas tendem a crer que o campo de sentido último seja o chamado "universo", objeto onicompreensivo da física espaçotemporalmente difundido. Se usarmos a expressão "universo" nesse sentido, como um campo de sentido padrão para cavalos, então sem dúvida é verdadeiro que existem cavalos, ainda que não seja exato afirmar que cavalos existem no universo, sendo este desenhado segundo a existência física. Na realidade, a física não fala de cavalos, mas sim, talvez, da matéria de que são feitos os cavalos (entretanto, esse também não é um bom modo de pensar a relação entre universo e cavalos).

Assim, penso que a existência diz respeito a um campo de sentido, caracteriza um aparecimento relativo a um campo. O aparecimento relativo a um campo é neutro diante de uma realidade metafísica definitiva, porque alguma coisa poderia aparecer no campo do falso ou no campo da ilusão. As ilusões existem tanto quanto outros tipos de equívoco. Portanto, a existência e a verdade proposicional não são a mesma coisa.

Neste ponto pode ser útil distinguir a posição de Meinong da minha, tornando mais nítida a possibilidade de juízos de existência negativos. Adiante ficará mais claro, creio, que aqui defendo uma *teoria formal do objeto (formale Gegenstandstheorie)*, segundo a qual um

SIGNIFICADO E EXISTÊNCIA

objeto é tudo aquilo a que podemos nos referir com uma convicção com capacidade para a verdade. Daí concluímos que, em geral, os objetos espaçotemporalmente difundidos não gozam ontologicamente de nenhum privilégio. Meinong certamente percebeu isso. Entretanto, trabalha com um ingênuo e pouco claro conceito de mundo real, ainda que nos aconselhe, em uma famosa passagem, a superar o "preconceito a favor do real".[8] O que significa "real" aqui? Meinong queria assegurar que, mesmo que Pégaso não exista, asserções sobre ele são possíveis. Com essa intenção, diferenciou variados conceitos de ser. Embora Pégaso não *exista*, pode, mesmo assim, sempre *ser* de outro modo qualquer; por exemplo, pode *subsistir* como conteúdo de uma representação. Meinong chegou então à conclusão de que tudo é; uma posição muito parecida com a minha.[9] A despeito disso, recuso definitivamente o seu confuso discurso sobre um *mundo possível* ou *real*. No lugar dele, apresento o conceito dos campos de sentido e, adiante, explicarei como as modalidades são as propriedades desses campos. Assim, torna-se supérflua a fantasia de um mundo real. Muitas vezes, temos a impressão de que realmente existe aquele único mundo real, como uma espécie de gigantesca cadeia causal que vai do Big Bang ao hodierno levantar-se do Sol, uma cadeia na qual figuram os dinossauros, os antigos romanos e o McDonald's. Mas essa conjectura é inadequada, porque não pode de modo nenhum existir uma teoria que esclareça todos esses objetos e eventos.

Se alguém pudesse me explicar cientificamente, ou seja, demonstrando de forma experimental e fazendo um cálculo detalhado até o fim, quais cordas vibraram exatamente, e como, quando César atravessou o Rubicão (ou melhor, quando César, o Rubicão, as suas legiões etc. pareciam existir), então eu poderia me convencer da validade do fisicalismo e da conjectura de que existe uma realidade causalmente fechada, que pode ser amplamente descrita de modo físico. É verdade que esse supercientista deveria me explicar também como se desenvolveu o movimento dessas diversas cordas a partir do Big Bang, análise que necessitaria de um arquivamento de dados bastante extenso. A afirmação de que algo assim seja viável é uma velha fantasia, fruto de uma concepção científica da primeira modernidade. Se a ontologia contemporânea finalmente se desvencilhasse dessa concepção moderna do mundo e se voltasse para os fatos, constataríamos logo que tal conjectura é o irrefletido desejo do pensamento de poder contar com uma realidade maravilhosamente ordenada, nomologicamente fechada de modo causal e completamente determinada em termos mecânicos.

Mas o que fazer com os mundos impossíveis ou os objetos impossíveis? E o que é uma afirmação de existência negativa? A abordagem que apresento aqui de fato admite a existência de um "quadrado redondo", mais precisamente no campo de sentido do impossível. A admissão de que é impossível a existência de um quadrado redondo (seja nessa ou naquela geometria, no ambiente físico que me rodeia etc.) significa que ele existe no campo de existência do impossível. Toda afirmação de existência negativa exclui um objeto de determinados campos de sentido, incluindo-o em outros. A afirmação de existência negativa afirma que algo não aparece em alguns campos de sentido, mas não que não apareça em nenhum. Existe apenas uma negação de existência absoluta, um único *nihil absolutum*: o campo de sentido onicompreensivo. Veremos a seguir o motivo pelo qual ele não pode absolutamente existir. Aliás, a tese de que todas as afirmações de existência negativas são nesse sentido relativas encontra-se já em Platão. Ele compreendeu exatamente isso quando, no *Sofista*, afirmou que o não ser é ser diversamente.[10]

Frege considerava que a existência se adequava às funções, que decerto poderiam servir à compreensão da realidade matemática. No entanto, esse é, também, apenas um caso bem particular de existência.[11] Em geral, a existência é o aparecimento-em-um-mundo, seja "mundo" definido como for. Para determinar o conceito de mundo, vou chamá-lo a seguir de "campo de sentido" e buscarei justificar minha escolha terminológica. Seja como for, por "mundo" entendo algo que é sempre o exato oposto de um *singulare tantum*, da "ideia de um todo da realidade", como definiu Kant.[12]

A não existência do mundo

Há um convincente argumento contra a existência do Todo, a partir da descoberta de uma teoria dos conjuntos transfinitos por Georg Cantor. Podemos demonstrar com facilidade que não existe um conjunto de todos os conjuntos, sem perturbar o modo russeliano de demonstrar que não existe conjunto de todos os conjuntos que não são membros de si mesmos. Recorrer ao *teorema de Cantor* basta. Esse teorema afirma que o conjunto das partes de qualquer dado conjunto, o chamado "conjunto potência", é sem dúvida mais potente – o que significa, em essência, maior – do que o conjunto original. Consideremos este, bastante simples:

$A = \{a, b\}$

O conjunto potência de A

$P(A) = \{\{a\}, \{b\}, \{a, b\}, \varnothing\}$

é evidentemente maior. O seu número cardinal é 4; possui quatro membros, enquanto A possui apenas dois. Com isso podemos deduzir imediatamente que não existe um conjunto onicompreensivo, pois para cada conjunto existe o seu conjunto potência, que é maior. Consequentemente, o Todo não existe. Nada corresponde ao conceito de Todo! O teorema de Cantor, que vale também para conjuntos infinitos, é ainda assim discutível, uma vez que demanda uma paradoxal autorreferencialidade.[13] Na verdade, esses problemas poderiam abordar a teoria axiomática dos conjuntos e o axioma do conjunto potência, mas não poderemos abordar isso aqui.

Ora, muitos filósofos tendem a confundir esse argumento com um argumento ontológico.[14] Um argumento ontológico diz algo sobre a organização do que existe. Deve, portanto, ser universal, deve valer para tudo, não só para objetos matemáticos. Um argumento ontológico não pode descrever exclusivamente as propriedades de

O SENTIDO DA EXISTÊNCIA

apenas um campo de sentido, de apenas um domínio de objetos, porque deve qualificar os domínios como tais, independente de uma dada escolha de campo de sentido ou domínio. O argumento cantoriano da não existência do Todo evidentemente não suporta sozinho o peso metafísico e ontológico, porque se aplica apenas a conjuntos. Entretanto, repetimos, a existência não é uma noção da teoria dos conjuntos. Não existem apenas conjuntos, nem quantidades de objetos, mas principalmente campos de sentido, como a arte renascentista, a música budista, o cinema de Bollywood, as galáxias, as instituições, os sentimentos, os estados mentais etc.

Entretanto, há pelo menos três argumentos para a não existência do mundo, similares a argumentos da teoria dos conjuntos para a não existência do Todo, mas que divergem deles, uma vez que não têm nada a ver com quantificar. Estabelecendo uma distinção, poderíamos dizer que os seguintes argumentos mostram que não existe um *Inteiro*, ao passo que os argumentos-padrão de uma teoria dos conjuntos mencionados provam, na melhor das hipóteses, que não existe o *Todo*. Remetemos ao quantitativo máximo, ao conjunto de todos os conjuntos ou conjunto maior, ao abordar o "Todo", enquanto o "Inteiro" denota o mundo no sentido de um *singular* campo de sentido onicompreensivo, organizado de maneira homogênea de acordo com as regras que constituem o campo. Podemos, então, afirmar que não é somente o Todo que não existe, o Inteiro também não! Para isso temos os seguintes argumentos:

1. Se a existência é relativa a um campo de sentido, porque é o próprio aparecer-em-um-campo-de-sentido (ou aparecer-em--um-mundo), então qualquer campo de sentido onicompreensivo (no qual todas as coisas, todos os objetos e campos de sentido apareceriam) deveria aparecer em um campo de sentido. Entretanto, todo campo de sentido, no qual o campo de sentido onicompreensivo teve que aparecer para possibilitar a sua existência, seria ainda mais vasto que o campo de sentido onicompreensivo, e assim por diante *ad infinitum*. Dessa forma,

SIGNIFICADO E EXISTÊNCIA

não existe nenhum campo de sentido onicompreensivo, nenhum mundo singular, organizado de maneira homogênea. O absoluto não existe, o que não significa que a verdade ou os fatos não existam. Apenas não existe nenhum *hiperfato* ou hipersituação.

2. O segundo argumento para a não existência do mundo deriva simplesmente da *indeterminação* da maior parte dos campos de sentido. Às vezes os campos de sentido se entrecruzam, alguns não são bem definidos, outros chegam mesmo à indeterminação em si, particularmente os campos de sentido artísticos. Não existe, portanto, um conjunto enumerável ou numerável de campos de sentido, como se fossem entidades ou elementos. Por essa razão, a própria formação de um campo de sentido onicompreensivo pressupõe uma operação que não pode ser efetuada, porque os próprios argumentos de qualquer função ou operação não estão definidos. Não é possível encontrar um algoritmo que dê conta de todas as coisas. Por isso os conceitos onicompreensivos são descritivamente vazios, porque não dizem nada de determinado. Eles não concernem a nenhum fato determinado assim ou de outra forma, dotado de algum conteúdo informativo. Como constata Frege: "a afirmação de que Sólon é sábio adquire sentido exclusivamente mediante a possibilidade de que alguém não seja sábio; o conteúdo de um conceito diminui se a sua extensão é ampliada; se esta chegar a compreender tudo, o conteúdo do conceito se perderá completamente".[15]

3. Podemos procurar construir conjuntos de campos de sentido, mas desse modo acabamos por gerar outro campo de sentido. Ora, todo campo de sentido é definido por um certo grau de clareza das suas regras constitutivas. Ainda assim, não existe um campo de sentido no qual algo apareça juntamente a todas as próprias regras constitutivas, porque, para cada campo de sentido, há uma multiplicidade indefinida de regras constitutivas. Por exemplo, é uma regra constitutiva da aritmética o fato de que a adição pode

O SENTIDO DA EXISTÊNCIA

ser ensinada a qualquer falante de qualquer língua. A validade das leis matemáticas é universal, o que significa que a matemática é neutra em relação à educação linguística própria de quem quer que possa participar da sua universalidade. Portanto, a validade universal da matemática depende de uma constitutiva negação da particularidade. (Posso deixar aberta a questão sobre a matemática ser de fato universal. Se não fosse, o argumento contra uma racionalidade universal ou um campo de sentido onicompreensivo seria ainda mais fácil de construir.) Entretanto, essa negação é indefinida; nega uma vasta gama de particularidades, sem especificar uma regra de negação. Em outras palavras, todas as regras constitutivas produzem um complemento conceitual relativo, o domínio da sua contingência, ou a possibilidade de serem modificadas incluindo o constitutivamente excluído. Isso vale para todos os campos de sentido, sem exceção. Cria-se uma *universalidade paradoxal* constitutiva: a única verdade ontológica universal é que nenhuma verdade ontológica universal pode ser formulada, sem exceções.

Há pelo menos dois grupos de argumentos para a não existência do mundo: o da teoria dos conjuntos e o da ontologia dos campos de sentido. Ainda que o vasto e nem sequer unificado conjunto dos argumentos da teoria dos conjuntos não possa ser aplicado ao mundo enquanto mundo, existem pelo menos três argumentos de ontologia dos campos a favor da não existência do mundo. Uma vez que a teoria dos conjuntos é muito circunstanciada para nos fornecer algum resultado ontológico *in sensu proprio*, as suas repercussões filosóficas deveriam ser bem mais limitadas do que muitos filósofos contemporâneos conjecturaram – permitam-me mencionar apenas Badiou, Moore e o lógico Patrick Grim.

Para fazer com que a teoria dos conjuntos tivesse relevância ontológica e metafísica, deveria ter sido demonstrado que ela se liga à noção fundamental de exatidão ou à compreensão de pen-

SIGNIFICADO E EXISTÊNCIA

samentos. Entretanto, a ontologia dos campos de sentido pode ser apropriadamente definida nos termos de uma investigação ontológica, na medida em que começa com a noção de existência como aparecimento-relativo-a-um-campo, para então chegar a um conjunto de intuições paradoxais a favor da não existência do inteiro.

A não existência do mundo como condição de possibilidade do sentido

Nesta última seção, gostaria de defender que a não existência do mundo é condição para a possibilidade de um conhecimento finito. O conhecimento finito é conhecimento em um contexto específico povoado por objetos que, por sua vez, aparecem em um contexto específico ou, retomando a minha formulação pessoal: o conhecimento de um aparecimento-relativo-a-um-campo se manifesta em um campo de sentido, assim como os objetos que se manifestam ao conhecimento. Isso porque o conhecimento existe mesmo sem existir no mesmo campo dos seus objetos. Uma das condições mínimas do conhecimento é existir um fato que obtemos da maneira em que é representado, independentemente da mera reivindicação do seu conhecimento. A limitação do conhecimento é, portanto, compatível com a realidade independente dos objetos e dos fatos que os "englobam".

Dessa forma, algo deve existir de maneira particular para que existam sujeitos cognoscentes. Ora, a existência implica a relatividade-de-campo, o que pressupõe que também o conhecimento deverá implicar algum tipo de relatividade-de-campo. A relatividade-de-campo do conhecimento ocorre verdadeiramente em dois níveis: existe para o conhecimento mesmo, seja no plano do próprio objeto (um indivíduo ou um evento que conhecemos, ou um fato que sabemos sobre um indivíduo ou sobre um evento), seja no plano do próprio determinar. O conhecimento ocorre exclusivamente *em* um campo de sentido e é *de* alguma coisa que ocorre em um campo de sentido. Portanto, é impossível que exista apenas um campo de sentido. Se houvesse apenas um campo de sentido, este não poderia existir, porque, como campo de sentido singular, não poderia aparecer para si mesmo em um campo de sentido. Se aparecesse em si mesmo, criaria dois campos diferentes, o campo que existe e o campo dentro do qual aparece o campo. Esses dois campos são diferentes pela simples razão de que têm no mínimo uma propriedade divergente: a sua respectiva posição relacional. O campo no qual algo aparece é sempre diferente daquilo que aparece dentro do campo, porque *aparecer dentro* e *ser-aquele--dentro-do-qual-algo-aparece* são duas propriedades distintas.

Então, se algo existe, existe no mínimo um campo de sentido, e existindo no mínimo um campo de sentido, existem, no mínimo, dois.

Se o conhecimento é conhecimento relativo-a-um-campo de algo relativo-a-um-campo, uma dupla limitação está em jogo: o objeto ou o conhecimento poderiam situar-se em diferentes campos de sentido. Ilustremos essa situação recorrendo a um exemplo simples, paradigmático para o meu modo de pensar o inteiro. Observem uma garrafa d'água. Essa garrafa d'água poderia aparecer em um campo de sentido organizado economicamente, por exemplo, em um anúncio de supermercado. Ao mesmo tempo, poderia aparecer no campo de sentido da minha sede, do meu imaginar alguém que está com sede, no campo de sentido de um filme com cenas em que aparecem tanto o supermercado quanto o meu pensamento do amigo com sede. Além disso, a garrafa pode aparecer no campo de sentido da física, no qual ela não aparece como garrafa d'água, mas como agregado de partículas, ondas ou outra coisa – seja qual for a sua teoria física preferida. Ora, qual é a garrafa ou, mais precisamente, o que é?

Não é senão a própria pluralidade de aparências. Aqui é importante apenas acenar para o fato de que essas aparências não são interpretações ou ilusões, mas fatos; por exemplo, o fato de que à minha frente há uma garrafa, a qual observo da minha posição. A

SIGNIFICADO E EXISTÊNCIA

garrafa é uma aparência relativa a um campo, existe no campo da minha percepção. Não é a interpretação de um fato que não aparece, mas o campo no qual aparece um fato e, portanto, no qual algo existe. É como na famosa imagem da cabeça de lebre-pato de Wittgenstein: seja qual for a unidade que escolho para determiná-la, a minha decisão comporta uma limitação da coisa a um campo de sentido. É simplesmente insensato querer que a realidade seja um pato, uma lebre ou uma entidade física pura, já que no exemplo da cabeça de lebre-pato existem tanto um pato quanto uma lebre, assim como um objeto físico (a gravura da ilusão ótica).[16]

Em qualquer caso de reivindicação epistêmica, devo simplesmente transitar por um campo de sentido, sabendo bem que poderia transitar por um campo diferente, ainda que todos os campos de sentido nos quais a reivindicação pode aparecer jamais possam se apresentar a mim de uma só vez. Se pudessem, existiria um campo de sentido onicompreensivo, um inteiro. Mas já sabemos que um inteiro assim não existe.

Ao mencionar Frege propositadamente, devemos sempre pressupor o significado de uma pluralidade de sentidos. Ele pode ocorrer de várias maneiras. Contudo, não é possível caracterizá-lo sem, caracterizando-o, também limitá-lo, ou limitá-lo a um conjunto finito de modos de ocorrência. Em outras palavras, o absoluto não aparece. E mesmo assim o absoluto, a coisa, é um pressuposto necessário da relatividade-de-campo. De todo modo, isso não nos obrigará a uma teoria substancial do absoluto, como se este fosse uma entidade ou um conjunto de entidades de acordo com uma "concepção absoluta da realidade" ou algo do gênero. O absoluto é apenas o vetor epistêmico que devemos representar para poder ter algo em vista, em oposição a outras coisas, e em oposição a outros modos de poder obter algo que temos em vista.

Se o absoluto existisse, ou se realmente existisse um inteiro, um campo de sentido onicompreensivo, um conhecimento finito deste não poderia ter lugar. Mas não há outro modo de pensar o

O SENTIDO DA EXISTÊNCIA

absoluto a não ser em oposição a um conhecimento finito, o qual tornaria também o conhecimento dele finito. Por isso, não podemos pensar na realidade como um, ou o absoluto. Uma "concepção absoluta da realidade" não é concebível.

A própria impossibilidade de uma concepção absoluta da realidade está na base dos nossos esforços para dar um sentido, para produzir um sentido ulterior em cada possível objeto de pesquisa. A essência de nossa vida epistêmica é precisamente essa, o NÃO alcançar o nosso objetivo. Se alcançássemos o absoluto, o conhecimento infinito, o conhecimento deixaria de produzir sentido. Entretanto, não é necessário nos preocuparmos com esse fato, porque jamais teremos a ideia adequada de uma situação dessas. Uma situação assim seria menos que nada, porque não seria nem mesmo determinável como indeterminada.

A minha posição sem dúvida se aproxima, em determinados aspectos, do "irrealismo" de Nelson Goodman ou do "niilismo" no sentido elaborado por Adrian Moore. Como veremos a seguir, o niilismo relativo ao mundo é compatível com um hiper-realismo referente aos objetos: tudo existe, e tudo o que existe é "englobado" por fatos que não produzimos. Ainda que tenhamos produzido algumas coisas (por exemplo, automóveis ou um autorretrato), não criamos o fato de que as produzimos. Os fatos são sempre primários e não é possível fugir deles, mesmo que seja possível recalcá-los (em sentido psicanalítico).

Antes de concluir sobre o niilismo de rosto feliz, deixem-me mencionar, nesse contexto, a questão do idealismo. Há claramente uma ligação entre o meu modo de pensar a não existência do inteiro e a elaboração kantiana desse tema, especialmente em sua discussão sobre o "ideal transcendental da razão pura", na *Crítica da razão pura*. Muito oportunamente o último Schelling – em sua *Introdução filosófica à filosofia da mitologia* – destacou que todo o movimento conhecido hoje com o nome de "idealismo alemão" ou, ainda melhor, "idealismo pós-kantiano", deveria ser interpretado

SIGNIFICADO E EXISTÊNCIA

como uma elaboração do tema kantiano da totalidade.[17] Portanto, seguindo a sequência da minha argumentação, parece existir uma ligação entre "idealismo" e "niilismo".

No meu entendimento, o idealismo não é uma afirmação ridícula de primeira ordem sobre a relação entre uma entidade ou um conjunto de entidades e um sujeito cognoscente. O idealismo deve ser distinguido de uma insensatez ôntica. Ele sustenta, ao contrário, que não existe algo como um inteiro onicompreensivo, independente das nossas atividades de produção de sentido. O idealismo afirma que o mundo serve apenas como horizonte das nossas práticas (discursivas); o mundo não é um objeto existente. A partir de Kant, o inteiro e a atividade de julgar ou de inferir estão unidos, e o inteiro não pode mais ser entendido como uma entidade ou um conjunto de entidades. Essa afirmação adequa-se plenamente à primeira ordem ou ao realismo empírico identificados por Kant, embora ele não tenha conseguido prosseguir como realista empírico, defendendo a insensata tese de que espaço e tempo existem apenas se existirem seres dotados de determinadas capacidades conceituais.

O fato de o mundo não existir não implica que não exista nada. Ao contrário, explica como *toda coisa* pode existir e como *qualquer coisa* existe. A não existência do mundo consiste na existência de todo fato, no aparecimento de todo fato no mundo, mas também justamente no não aparecimento dele em si mesmo. O mundo contém tudo, exceto ele mesmo. Por isso há sempre algo a mais do que tínhamos compreendido. Devemos, portanto, considerar que a não existência do mundo se mostra de diferentes maneiras. O mundo se subtrai do nosso domínio; o âmbito no qual tudo aparece não poderá nunca aparecer. Mas essa ausência não é sempre igual a si mesma, não é idêntica a si mesma, mostra-se sempre de modo diverso.

Sobre essa questão, o niilismo de rosto feliz tende ao idealismo no plano do inteiro, mas é devoto do realismo no plano dos objetos e dos fatos. Tais fatos incluem os fatos inerentes à subjetividade e os fatos relacionais, assim como os fatos referentes às interseções de campos de sentido. O niilismo, portanto, não é compatível com o realismo exclusivamente a propósito de objetos e de eventos no espaço-tempo físico, mas também a propósito da razão e do pensamento, como Thomas Nagel argumenta em *A última palavra*. Existem pensamentos e alguns são independentes dos meus, assim como dos pensamentos de praticamente qualquer outra pessoa a propósito daqueles, ainda que pensamentos não possam ser elencados entre as coisas que existem seja como for. Aqui é preciso conseguir, ou não, descrever fatos como pensamentos, como fazia Frege, o que se torna contraintuitivo, ao menos do ponto de vista terminológico.

O idealismo e o niilismo, dessa forma, conservam a inquestionável verdade, negando ao mesmo tempo a tese de base de Bernard Williams e Adrian Moore, segundo a qual o mundo pertence às coisas que existem seja como for. Uma das razões mais evidentes para não negar a ligação entre o mundo e o que existe seja como for é que muitas coisas que não existem seja como for pertencem ao mundo, sendo ele próprio a mais importante delas. O mundo não existe seja como for, porque se mostra exclusivamente como um retraimento constitutivo, algo que não se pode afirmar como existente, porque não pode aparecer em um campo de sentido. Simplificando: o mundo é um absurdo puro e simples, o que não quer dizer que produzir sentido seja insensato, mas apenas que produzir sentido é finito. Como diz Wittgenstein:

> "Não se esqueça de que o jogo linguístico é, por assim dizer, algo imprevisível. Quer dizer: Não é fundamentado, não é racional (ou irracional). Está lá, como a nossa vida."[18]

2. Facticidade, acessibilidade e contingência

Neste capítulo exponho algumas perspectivas para um idealismo do século XXI. Esboço as linhas de um idealismo de tipo onto-lógico/especulativo. Suficientemente sólido para responder a um realismo interno, quando assim for preciso. Chamo de *realismo interno* a tese de que os campos de sentido são individuados por meio das suas condições de objetividade, e mais precisamente a tese de que são possíveis asserções sobre objetos que aparecem no interior deles, verdadeiras ou falsas, independentemente do fato de apresentarmos exigências especificamente humanas ou mentais. Essa independência da norma "verdade" das nossas asserções, suficiente para um realismo, é entretanto interna. Vale apenas em campos de sentido. Daí não se conclui de forma nenhuma que os campos de sentido resultem totalmente da *nossa* divisão do mundo, dos nossos modelos classificatórios ou categoriais.

Elucidemos esse aspecto com um simples exemplo. Tomemos o campo de sentido da aritmética do ensino fundamental: 2 + 2 = 4, mas isso não tem relação com subdividir "o mundo" em "2", "+", "2", "=" e "4". Essa divisão expõe o campo de sentido cujas condições de objetividade são 2 + 2 = 4. Quem transita dentro do campo de sentido da aritmética fundamental e não compreende essa operação, falta à verdade. Ora, não devemos confundir a apresentação de regras constitutivas pelos campos de sentido (por exemplo, axiomas e regras de inferência) com a criação dessas regras por nós. As regras são sempre públicas e, assim, objetivas. Não existem regras privadas em sentido lógico, como mostrou, a meu ver, de modo muito convincente, o argumento da linguagem privada de Wittgenstein.[1] Existem regras constitutivas, mas elas não são nem expressão, nem resultado da atividade da mente humana ou de qualquer outra mente.

Entendo por "realismo interno", portanto, apenas vagamente aquilo que Putnam pretende com essa formulação em seu *Reason, Truth, and History* [Razão, verdade e história].[2] Putnam distingue entre um *realismo metafísico*, o qual rejeita, e um *realismo interno*, antes defendido em diferentes versões, mas ao fim refutado categoricamente. Ele entende por "realismo interno" tanto a tese de que a nossa referida melhor teoria do mundo ou do universo poderia ser falsa *in toto*, quanto a tese oposta de que a verdade seria idêntica a uma forma de aceitabilidade racional. Contemporaneamente, concebe a aceitabilidade racional, na linha da tradição pragmatista, mais ou menos como expressão das práticas discursivas humanas que desenvolvemos e melhoramos historicamente. Mas ainda assim ele continua a opor a mente ao mundo. Portanto, coloca a questão do realismo como pergunta sobre a relação entre mundo e mente. Vice-versa, na minha perspectiva parte-se sempre da hipótese de que a mente pertence ao mundo, ou seja, de que ela existe. O sujeito pensante é parte do mundo que descreve. Por isso existem os nossos modelos de categorização, assim como árvores, crateras lunares ou obras de arte, embora todos existam também em outros campos de sentido. O meu realismo interno não é, dessa forma, ligado a nenhum tipo de antirrealismo no padrão putnamiano ou dummettiano, ambas posições que provêm no fundo da questão empirista que sempre se perguntou quão longe poderia ir o raio de ação cognitiva do homem, questão herdada por Kant de Hume e de Locke. Não parto do pressuposto de que a questão do realismo está associada essencialmente ao nosso raio de ação cognitiva, no âmbito de nossos mais genéricos comportamentos cognitivos e perceptivos diante do mundo externo. Isso, portanto, também é verdadeiro para a própria racionalidade. Ao perguntar se existe

FACTICIDADE, ACESSIBILIDADE E CONTINGÊNCIA

uma ordem dos conceitos independente de práticas discursivas, coloquemos a questão do realismo fora de uma teoria da percepção. Além disso, trata-se de fatos que, seja como for, se encontram além do nosso raio de ação cognitivo, o que não deveria levar a paradoxos, como Putnam muito adequadamente sublinhou, contestando o prosseguimento do antirrealismo de Dummett proposto por Crispin Wright.[3]

A pergunta que a distinção entre realismo metafísico e realismo interno proposta por Putnam tenta responder está desde o princípio colocada de modo equivocado, porque formulada no contexto de pesquisa de uma teoria científica onicompreensiva.

A tese aqui defendida, de que uma teoria assim (seja científica, sociológica, psicológica ou de outra natureza) não pode existir, porque não há um mundo, no sentido de um campo de sentido onicompreensivo, se despede em definitivo do cartesianismo, que no fundo ainda está implicitamente na base de muitas posições analíticas do século passado. Com esse contexto vemos também que é um problema metafísico aparente perguntar se o "mundo" apresenta no todo apenas um evento físico, ou, vice-versa, um drama encenado por dados sensoriais. Por isso também o programa de Carnap é vítima de si mesmo: sua tentativa de encontrar uma base de redução onicompreensiva, na qual deveria embasar-se toda asserção, é e continua a ser um problema evidente.

O realismo interno que abraço é compatível com um idealismo ontológico. Compreendendo com isso o fato de que todos os campos de sentido se constituem mediante condições de acessibilidade, que, entretanto, em geral são inapreensíveis, porque a proliferação dos campos transcende qualquer conceito de complexidade que poderíamos ter à mão. O idealismo é, portanto, apenas a tese de uma dependência de sentido da objetividade e da acessibilidade, nada tem a ver com a existência de sujeitos, aos quais os objetos se manifestam *de facto* além da sua acessibilidade. Mais uma vez repetimos: há sujeitos e nós, seres humanos, somos sujeitos,

O SENTIDO DA EXISTÊNCIA

isto é, seres com capacidade para a verdade, e assim essa nossa capacidade apresenta o perfil singular da racionalidade do *Homo sapiens*. Podemos nos alegrar ou não com isso. Entretanto, o simples fato da existência do *Homo sapiens* não muda, certamente, nem o cosmos, nem o seu conjunto, nem a transfinita pluralidade dos campos de sentido, embora um bom número de campos de sentido seja cognitivamente acessível ao homem. O nosso papel na questão do realismo ontológico jamais deveria ser supervalorizado. Muito menos se deveria tratar a questão do realismo como um problema epistemológico ou semântico. Como já dissemos, a virada linguística não é mais aceitável, é um simples resíduo do antropocentrismo e da teologia do passado.

Mesmo que alguns dos escritos de Schelling, a partir do *Tratado sobre a liberdade*, e alguns filósofos franceses contemporâneos (especialmente Deleuze e Badiou) ocupem o primeiro plano do panorama das minhas considerações, vou me concentrar exclusivamente no desenvolvimento sistemático e na defesa de pontapés iniciais para um idealismo ontológico/especulativo que seja competitivo no quadro geral da atividade filosófica contemporânea, seja em âmbito "analítico", seja no âmbito da chamada "filosofia continental". Como disse na introdução, a vanguarda da filosofia contemporânea desembocou em um novo otimismo ontológico. Para explicar esse regresso à ontologia, propus que ele seja justificado com recurso ao eixo que une ontologia e epistemologia, o qual chamei de "lógica transcendental", situando-o em algum lugar entre as abordagens kantiana e badiouana desse termo. Em minha perspectiva, a "lógica transcendental" é a análise do nosso acesso àquilo que existe, considerando que esse acesso pertence àquilo que existe. A lógica transcendental dá origem, assim, a uma "ontologia transcendental", teoria que investiga as condições ontológicas das nossas condições de acesso ao que existe.[4]

Antes de examinar a primeira tese da lógica transcendental, distinguiremos entre dois condicionais, o já mencionado condi-

FACTICIDADE, ACESSIBILIDADE E CONTINGÊNCIA

cional de base e o condicional epistemológico. Vamos citar mais uma vez o primeiro: se algo existe em vez de nada, então existem fatos que tornam possível a existência das coisas que existem. O segundo condicional diz o seguinte: se podemos conhecer algo, então devem ser cumpridas as condições de possibilidade do conhecimento em geral.

A primeira tese da lógica transcendental, que introduzi, é exatamente sobre a diferença entre o condicional de base e o condicional epistemológico. O condicional de base cumpre o próprio antecedente com o simples fato de estar aqui, enquanto esse não é o caso do segundo condicional. Em outras palavras, o condicional de base cumpre-se por si, enquanto o condicional epistemológico depende de fatores externos. Paradoxalmente, isso faz concluir que o ser está mais perto de si mesmo do que o conhecimento.

Ora, alguns filósofos especulativos contemporâneos, especialmente Graham Harman, Quentin Meillassoux e Ray Brassier (cada um a seu modo), acreditam que uma ênfase excessiva no nosso acesso ao que existe nos isola, incoerentemente, do mundo.[5] Naturalmente, eles associam essa tendência ao idealismo especulativo e, portanto, preferem um realismo ou materialismo especulativo. Nas próximas páginas argumentarei a favor da superioridade de um tipo de idealismo já esboçado no primeiro capítulo, idealismo que desenvolverei posteriormente na primeira parte deste, em uma comparação com o materialismo especulativo de Meillassoux. Acredito de fato que há algumas carências constitutivas em sua abordagem que podem ser corrigidas apenas por uma ulterior virada idealista voltada para uma ontologia especulativa.

Algumas das mais importantes vozes do mais interessante movimento filosófico contemporâneo, o realismo ou materialismo especulativo mencionado há pouco, formularam um regresso à ontologia fundamentando-se na crítica a várias formas de idealismo. De acordo com esses filósofos, também a fenomenologia

O SENTIDO DA EXISTÊNCIA

está vinculada a uma forma de idealismo incoerente. Por isso eles sustentam que Kant, Hegel, Husserl, Wittgenstein e Heidegger, filósofos obviamente muito diferentes entre si, na realidade partilham de um princípio comum, que os deixaria sujeitos a um contrassenso ôntico. Meillassoux, em especial, sustentou que o denominador comum de todas as formas de idealismo seria o que ele chama de "correlacionismo". Em seu parecer, de um modo ou de outro, o correlacionismo equivale a uma série de afirmações insensatas como: "A Terra não existia antes do homem" ou "Não podem existir pedras se ninguém projetou um horizonte determinado do seu ser-para-a-morte". Em outras palavras, ele defende que os correlacionistas não podem explicar a ancestralidade, que é a existência de coisas e fatos precedentes à existência de sujeitos, subjetividade, razão comunicativa, um ser-aí (*Dasein*) finito, ou qualquer outro candidato apropriado que se queira escolher.

Gostaria de defender aqui, repito, a tese de que o idealismo não equivale a um contrassenso ôntico. O idealismo não é uma tese ôntica a propósito da relação entre sujeito e objeto. Ainda que existam formas de idealismo nas quais a objetividade depende, em certo sentido, da subjetividade, isso não equivale a afirmar que existem objetos *überhaupt*, apenas se existirem sujeitos.

Na primeira parte deste capítulo, desenvolverei a noção de *idealismo dependente do sentido*. O idealismo dependente do sentido afirma que a existência implica inteligibilidade. Nesse contexto, interpreto "inteligibilidade" como o aparecer em um campo de sentido, defendendo isso como suficiente para a existência. Na verdade, isso motiva outra "teoria da acessibilidade", que é livre – como espero mostrar – do contrassenso ôntico.

Defenderei ainda que a facticidade, que assume um papel de primeiro plano na reconstrução crítica do correlacionismo realizada por Meillassoux, é a facticidade do sentido. Tal facticidade pode ser descoberta no coração da subjetividade, mas não se limita

FACTICIDADE, ACESSIBILIDADE E CONTINGÊNCIA

à subjetividade. O ponto crucial, nessa parte do meu texto, é considerar que há uma noção objetiva de sentido, de acessibilidade, apresentada e defendida por Frege, ainda que pudéssemos ver algo disso já em andamento na noção husserliana de "sombreamento"* e na metodologia da "variação eidética" associada a ela. O sentido não precisa ser subjetivo e, apesar de Frege, não precisa nem mesmo ser conceitual de modo imediato. Uma "orientação"[6] mínima, como diz Badiou, é suficiente para a minha noção de sentido.

Na segunda parte tiro algumas conclusões, a partir do idealismo dependente do sentido, para uma possível ontologia modal. Reconstruirei alguns aspectos da contingência radical e defenderei que não é necessário fundamentar a contingência radical na sua própria necessidade. Não é certo que tudo seja necessariamente contingente; uma das razões é que não existe, como já vimos, algo como o todo ou o inteiro. Considerarei a objeção de que a minha concepção poderia trazer um regresso ao infinito, refutando-a com base em um argumento contrário à possibilidade de um campo de sentido onicompreensivo ou de uma regra constitutiva universal. Não há sentido último, o que não quer dizer que nada tenha sentido. Se não existe sentido último, é impossível existir uma regra que determine uma questão suficientemente repetitiva e linear de modo a suscitar um regresso ao infinito. Ou, em outros termos, não existe um algoritmo universal do sentido.

Na última seção especificarei algumas das consequências gerais da forma de idealismo ontológico/especulativo defendida aqui. O texto se ocupará, principalmente, das bases de uma ontologia dos campos de sentido – como a defino –, tornando-a, ao mesmo tempo, idealista, niilista e realista interna, ainda que em diferentes níveis de reflexão,[7] a serem definidos no próximo capítulo.

---

* *Abschattung.* (N. do T.)

O SENTIDO DA EXISTÊNCIA

Facticidade e acessibilidade. O caso do idealismo dependente do sentido

Seja na tradição "analítica", seja na mais recente reviravolta ontológica da filosofia francesa (pensemos em Badiou), e de modo particularmente evidente em *Après la finitude*, de Meillassoux, o idealismo é frequentemente acusado de uma afirmação metafisicamente ultrajante. De acordo com o criticismo usual, o mais elevado fator comum nas estruturas motivacionais das confissões mais realistas – a defenderem o "senso comum" ou a "ciência" –, o idealismo sustenta que só existe um tipo de objeto particular se existir um tipo de sujeito particular. Dizendo de modo mais radical, isso significa que *o idealismo global* equivaleria a algo como a afirmação de que *todos* os objetos são dependentes de um, ou do, sujeito, ou melhor, da subjetividade. Essa afirmação, naturalmente (se alguém de fato chegou a defendê-la de forma tão grosseira), ou trata-se claramente de um erro ou, no mínimo, é conceitualmente confusa.[8]

Muitíssimos objetos, por exemplo as árvores, não são, de forma geral ou metafísica, dependentes de um sujeito ou de uma subjetividade. Procurando ficar longe disso, Kant demonstrava grande prudência ao defender um idealismo formal, o qual não sustentava que a existência dos objetos dependesse da subjetividade, mas que apenas alguns traços essencialmente formais eram constituídos pelo sujeito, ou relacionados de maneira constitutiva ao sujeito. Infelizmente em última análise, também segundo Kant, a existência, que ele definia como "posição" no campo da experiência possível, é identificada com um aspecto formal, trazido ao mundo pelo sujeito. Daí resultam vários paradoxos que não poderemos abordar neste livro. Basta lembrar que isso conduz a um contrassenso, porque, se o sujeito existe, e deve existir, ele deve ser um conteúdo da experiência possível, trazido ao mundo por um sujeito de ordem superior e, para bloquear o regresso ao

FACTICIDADE, ACESSIBILIDADE E CONTINGÊNCIA

infinito de uma suprassubjetividade, um sujeito paradoxal que se dirige ao mundo do nada deve ser introduzido. Mas do nada não deriva sujeito nenhum.

Meillassoux subsume todas as formas de idealismo (incluindo tanto a fenomenologia quanto o primeiro Heidegger e o primeiro Wittgenstein) na classificação de correlacionismo. Para começar a delinear as abordagens de uma forma seriamente aceitável de idealismo, observemos primeiro mais de perto a definição de correlacionismo feita por Meillassoux:

> Entendemos por correlacionismo a ideia de que acessamos sempre e exclusivamente a correlação entre pensamento e ser, e nunca um desses termos considerado de maneira independente do outro. De agora em diante chamaremos de correlacionismo qualquer corrente de pensamento que mantenha o caráter insuperável da correlação definida dessa forma. (...) O correlacionismo consiste em excluir a afirmação de que é possível considerar os reinos da subjetividade e da objetividade independentes um do outro.[9]

Justamente na frase seguinte ele substitui "subjetividade" por "sujeito" e "objetividade" por "objeto". De qualquer forma, nessa passagem não há nenhum indício de distinção entre as dicotomias subjetividade-objetividade e sujeito-objeto. Isso levanta suspeitas de que Meillassoux não distingue aqui entre objetos e objetividade, tendência que poderia ser característica de algumas versões do idealismo epistemológico, por exemplo no primeiro Berkeley.[10] O problema é que faz-se necessário, no mínimo, distinguir entre objetos e objetividade. A objetividade poderia ser demonstrada como uma propriedade dos discursos ou dos pensamentos, enquanto os objetos não são propriedade de discursos ou de pensamentos, ou melhor: se a objetividade é discursiva, isso não quer dizer que todos os objetos sejam discursivos. As árvores não são discursivas, mas um discurso sobre elas pode ser objetivo, porque nesse caso há objetos que existem de uma determinada maneira independente de opiniões, ou seja, as árvores.

Meillassoux cai dessa forma em uma tentação natural que, de fato, foi característica do idealismo de Berkeley até Kant. Ainda que apresente a distinção entre o empírico (objetos) e o transcendental (a subjetividade), Kant confunde com frequência ambas as categorias. Isso é evidente no seu estudo da coisa em si, que oscila constantemente entre uma tese ôntica a propósito da necessária existência de uma coisa singular, ou domínio das coisas, e uma tese ontológica na qual a coisa em si nada mais é que um "conceito-limite (*Grenzbegriff*)".[11] Se a coisa em si é um conceito-limite, em nenhum caso pode ser um determinado modo dos objetos (potencialmente incognoscível), nem pode designar de algum modo um domínio objetal. Se é somente um conceito-limite, não se trata de um objeto ou domínio objetal em potencial independente de opinião, de modo a restarem somente aparências que existem apenas com sujeitos, uma vez que sem nós – como afirma Kant de maneira explícita – não existiriam nem mesmo o espaço e o tempo.[12] Por isso proponho eliminar tanto o conceito ôntico quanto o conceito ontológico de coisa em si, operação que entretanto não conduz a um idealismo de primeira ordem, o qual quase chega a afirmar que existem apenas representações ou estados psicológicos (ou sociais), algo como interpretações determinadas por uma vontade de potência. O que e como aparece, no interior de uma convicção com capacidade para a verdade, é precisamente uma coisa em si, obviamente se a convicção for verdadeira. Essa forma de neorrealismo não exclui o fato de possuirmos diversas modalidades de acesso que concorrem aos objetos ou às coisas em si. Antes, pelo contrário, é necessário motivar o realismo de mais alto nível com um idealismo dependente do sentido. O que busco dizer aqui pode ser compreendido com a reflexão sobre o fato de que, a partir do idealismo pós-kantiano, começaram a formar-se duas categorias de reflexão. Nesse contexto, seguindo uma observação de Robert

FACTICIDADE, ACESSIBILIDADE E CONTINGÊNCIA

Brandom, é possível – de acordo com a existência de categorias de reflexão – diferenciar duas formas de idealismo: o *idealismo dependente do sentido* e o *idealismo dependente da referência*. Brandom define a dependência-do-sentido e a dependência-da--referência do seguinte modo:

> O conceito P possui uma dependência de sentido do conceito Q apenas quando não podemos compreender P sem compreender Q. O conceito P possui uma dependência de referência do conceito Q apenas quando não podemos aplicar P a algo sem que Q se aplique a algo.[13]

O idealismo dependente do sentido, portanto, defende apenas que a nossa compreensão da objetividade depende da nossa compreensão da subjetividade, enquanto o idealismo dependente da referência é a afirmação de que não há nenhum objeto se não houver nenhum sujeito. Como veremos, entre os idealistas clássicos, era bastante popular a tentação de confundir esses dois níveis, tentação que, entretanto, pode se propagar com facilidade.

Agora, antes de nos atirarmos em argumentos a favor de todas as formas de idealismo dependente do sentido, é necessário escolher um candidato para uma adequada compreensão do sentido. Para isso poderá ser útil remeter ao conceito fregiano de sentido (ao qual Brandom certamente se refere quando propõe a sua distinção), ainda que eu não o aceite por inteiro, devido às várias dificuldades que traz. Para esse conceito de sentido é certamente decisivo ser compreendido como uma imagem objetiva, diferente da representação. O sentido é objetivo, podendo ser "propriedade comum de muitos".[14] É algo que pode ser compreendido e, portanto, algo que existe ou subsiste, independentemente das realizações psicológicas – em concordância com representações – do seu ser compreendido. Por isso também podemos nos enganar em relação ao sentido que foi compreendido. Aquilo sobre o que nos enga-

O SENTIDO DA EXISTÊNCIA

namos é objetivo, porque subsiste um contraste de objetividade entre o ser e o aparecer.[15] Assim seria possível defender, de forma absoluta, que se compreendeu o pensamento que expressa $E = mc^2$, ainda que se tenha compreendido um pensamento completamente diferente, o que poderia ser revelado com uma atenta análise das nossas convicções sobre essa fórmula. O sentido é, caso a caso, um veículo da verdade; é, como explica Frege, o acesso ao valor de verdade, que pode ser verdadeiro ou falso.[16] No caso do nome próprio, isolado do contexto de um pensamento composto pelo menos por um nome próprio e por um conceito, no qual, então, o ser-verdadeiro-ou-falso não é colocado em questão, o sentido é o acesso ao significado, ou o acesso a um âmbito objetal potencialmente independente da linguagem e em geral independente da representação. Assim, próximo ao Vesúvio observado da perspectiva P, lidamos com um sentido, uma vez que a perspectiva P torna possível um acesso ao Vesúvio como significado da perspectiva, o que vale – como Frege atribui ao cético – sempre "que exista um".[17]

Não concordo com a tendência de Frege a restringir o sentido a uma categoria linguística ou semântica. Essa tendência mostra-se em tensão com o seu ulterior platonismo. Isso porque "3 + 1", como sentido de 4, é para Frege claramente um sentido, um sentido que encontramos já pronto, um sentido, como afirmarei, no qual podemos ser "lançados". Resumindo, Frege destaca que os pensamentos, entendidos com o sentido de estruturas em forma proposicional, são seja como for independentes das suas realizações linguísticas. Podem, certamente, ser exprimidos, mas a sua expressão não é idêntica ao pensamento. Sem esse reconhecimento, o projeto fregiano de análise lógica da língua não chegaria a lugar nenhum, uma vez que a lógica (sistema das regras ou leis da verdade) e a gramática (sistema das regras da expressão linguística) coincidiriam. Sem dúvida, a língua poderia ser o nosso acesso primário ao sentido, porém o caso é bastante ambíguo, porque é possível ver o Vesúvio tanto em Nápoles quanto em Sorrento (vistas

FACTICIDADE, ACESSIBILIDADE E CONTINGÊNCIA

que são dois sentidos do Vesúvio), e isso não tem nada em comum com uma realização linguística determinada. Ver o Vesúvio em Nápoles não é idêntico a afirmar que vemos o Vesúvio em Nápoles.

Além disso, reconhecer que a língua é nosso acesso primário ao sentido não quer dizer de maneira nenhuma que haja sentido exclusivamente em forma linguística ou acessível apenas linguisticamente. Ou melhor, o sentido é, de forma geral, "o ser que pode ser compreendido",[18] citando aqui de forma propositalmente abreviada a célebre fórmula gadameriana. Gadamer pensava que o ser compreensível se identificava com a linguagem, mas não vejo por que o fato de ser árvore não pode ser perceptível e compreensível sem linguagem. Também os animais, que não falam em sentido nenhum, compreendem algum sentido, porque percebem as coisas de um ponto de vista objetivo. Do contrário, a percepção pré-linguística seria uma espécie de alucinação ou psicose incurável. O ser que pode ser compreendido não coincide de modo nenhum com a linguagem. Também esta, certamente, é uma parte do ser que pode ser compreendida, mas daí não decorre que todo sentido refira-se a ela linguisticamente ou de maneira constitutiva. A *linguistic turn** perdeu a própria razoabilidade como programa fundamental tanto na tradição analítica quanto na continental. O que a torna suspeita à abordagem do atual regresso à ontologia é, entre outras coisas, o seu ingênuo tom idealista, que tende a vincular demais a verdade à língua.

Por isso não concordo nem mesmo com a identificação fregiana de existência e estar-abarcado-por-um-conceito. Isso significaria que, se não há conceitos, não há nada. Naturalmente, tudo depende aqui do conceito de conceito. É decisivo que os conceitos não sejam necessariamente compreendidos como objetos em forma linguística. Existem também conceitos visuais (intuitivos...), como a vista do Vesúvio em Nápoles, com a qual se nomeia uma visão

---

* Virada linguística. (*N. do T.*)

conceitualmente estruturada, que torna possível um acesso à verdade, verdade que não se compreende por que deveria referir-se sempre especificamente à língua. Como se sabe, Frege compreende o sentido como uma modalidade de apresentação, "o modo de apresentação do objeto".* Ele expõe seu próprio conceito de sentido para explicar como as asserções de identidade podem ser tanto não contraditórias quanto cognitivamente informativas. O sentido proporciona acesso àquilo que existe, revelando os objetos à nossa compreensão. Por definição, não há acesso àquilo que existe independente do sentido. Não existe um significado desprovido de sentido. Se existisse um significado absolutamente sem sentido, ele se apresentaria apenas por um acesso àquilo que existe, que seria independente de qualquer acesso singular. Coisas ou fatos desse tipo seriam acessíveis a partir de um "olhar vindo de lugar nenhum".[19] Um olhar de lugar nenhum, entretanto, ou não é de fato um olhar, ou é um olhar seja como for e, caso seja este o caso, implica uma modalidade de apresentação.

Entretanto, a impossibilidade de um olhar proveniente de lugar nenhum não significa necessariamente perda de objetividade. Não podemos concluir a partir daí que só existem interpretações. Isso porque o sentido não é a interpretação de um fato, mas a circunstância devido à qual um fato é acessível de determinada maneira. Se estou em Nápoles e observo o Vesúvio, não interpreto um dado como se estivesse observando o Vesúvio em Nápoles, mas simplesmente observo o Vesúvio em Nápoles. A percepção não é apenas uma alucinação distorcida da vontade de potência, como parecem querer alguns nietzschianos. Não podemos inferir daí que não haja nenhum equívoco causado por ideologias, mas ape-

---

* Frege, *Senso, funzione e concetto*, p. 33. *Art des Gegebenseins*, "modo de se apresentar" ["*modo dell'esser dato*"], é em geral traduzido em italiano como *modo di darsi* ["modo de apresentação", em português]. Neste texto será traduzido por vezes como "modalidade de apresentação" [*modalità di presentazione*], reproduzindo a tradução para o inglês proposta pelo autor, *mode of presentation*. (N. do O.)

FACTICIDADE, ACESSIBILIDADE E CONTINGÊNCIA

nas que não existem somente equívocos. Se em termos históricos, desde sempre, estamos aprisionados em jogos de poder, colocaríamos sempre e apesar de tudo a questão de como deveríamos nos comportar em relação a esse fato. Decerto os fatos podem ser utilizados nos jogos de poder, se por exemplo ao telefonar para alguém levamos em consideração o fato de que existem telefones. Entretanto, o fato de que existem telefones não é fruto da vontade de potência, mas apenas um fato, ao qual uma vontade de potência poderia agradecer.

A própria negação do sentido é em si um sentido: apresentar algo como se não fosse apresentado é também uma apresentação. O sentido não pode ser negado sem gerar sentido ulterior; esta é uma das principais teses da teoria dos sistemas sociais de Niklas Luhmann.[20] Em uma passagem digna de nota, o próprio Frege a aceita, dizendo:

> O sentido de um nome próprio é compreendido por quem conhece suficientemente a língua ou o complexo de signos ao qual este pertence; desse modo, existindo significado, este é, entretanto, iluminado apenas de um lado; o conhecimento do significado de todos os lados implicaria em sermos imediatamente capazes de dizer se um dado sentido se relaciona ao nome ou não. A esse conhecimento nunca chegamos.[21]

No célebre exemplo de Frege, a "Estrela da manhã" e a "Estrela da tarde" seriam diferentes sentidos do mesmo significado, ou seja, Vênus. Entretanto, esse simples gesto descitacional não é, obviamente, suficientemente refletido, como Frege sabe bem. De fato, "Vênus" é um nome próprio e, portanto, tem sentido. Apresentar um significado idêntico para a "Estrela da manhã" e para a "Estrela da tarde" quer dizer mostrá-lo com uma modalidade de apresentação específica, que evidentemente difere da modalidade de apresentação seja da "Estrela da manhã", seja da

O SENTIDO DA EXISTÊNCIA

"Estrela da tarde". Se "Vênus" não diferisse, na modalidade de apresentação, das suas apresentações como "Estrela da manhã" e "Estrela da tarde", não estaria associada a nenhuma modalidade de apresentação. Visto que a Vênus nua não é nada (além de perder o fascínio, não é em si absolutamente nada). A Vênus sem aspas é útil para Frege como signo para o significado de "Estrela da tarde" e "Estrela da manhã". Entretanto, para compreender isso devemos utilizar um nome próprio, justamente Vênus. Não podemos nunca fugir ao meio do sentido, ainda que, como afirma Frege, "pressuponhamos" que alguns signos tenham realmente significado, podendo assim compreender, em geral, pensamentos com o "verdadeiro" valor de verdade. Sem esse pressuposto não haveria nenhuma verdade.

> O cético e o idealista provavelmente guardam a seguinte objeção: "Você certamente fala da Lua como se fosse um objeto; mas como pode saber que o nome 'Lua' possui realmente um significado, como pode saber que qualquer coisa possui realmente algum significado?" Respondo que não é nossa intenção falar da representação da Lua, e que nem sequer nos contentamos com o sentido ao dizer que a Lua é menor que a Terra, mas sim pressupomos um significado.[22]

Nesse trecho, Frege não refuta de forma nenhuma o niilismo semântico. O *niilismo semântico*, que ele considera aqui com o nome de "idealismo" ou "ceticismo", afirma que nenhuma expressão tem significado, tese que levou alguns céticos a deduzir que não podemos garantir que nenhuma expressão tenha, de fato, significado.

Frege pressupõe a falsidade dessa tese, ainda que não haja modo de adquirir conhecimento de um significado, independentemente de qualquer modalidade de acesso.

Dizer que o sentido é o nosso acesso aos objetos (considerando o fato de que esse sentido não é idêntico à circunstância em que o utilizamos) certamente não coincide com a afirmação feita por Meillassoux sobre o "correlacionismo". Como ele escreve de forma explícita, o correlacionismo vincula-se à "a ideia de que nós acessamos sempre e exclusivamente a correlação entre pensamento e ser, e nunca um desses termos considerado independentemente do outro".[23] Entretanto, afirmar que não podemos ter acesso ao significado sem o sentido não equivale a afirmar que sempre e somente temos acesso à sua correlação. Ou melhor, aquilo a que temos acesso (desde que haja circunstâncias para um acesso eficaz) não é sempre o acesso em si, mas as coisas, os estados de coisas ou os fatos. Se existem cavalos, então o meu pensamento de que existem cavalos tem acesso aos cavalos. "O pensar não para antes dos fatos", como McDowell notoriamente resume a questão[24] (seguindo Wittgenstein), e eu acrescentaria: "o pensamento verdadeiro não para antes dos fatos", ao contrário do pensamento falso. De maneira mais precisa, devemos afirmar que a circunstância é uma questão sempre e somente no caso de um pensamento verdadeiro, que estabelece relação com os fatos, porque um pensamento falso não possui nenhuma relação com um fato externo, ainda que também ele seja um fato. Note-se que é sempre verdadeiro que ele é falso. Na minha terminologia, apenas os pensamentos falsos são representações (*Vorstellungen*), ao passo que pode-se dizer que os pensamentos verdadeiros são apresentações (*Darstellungen*). Os pensamentos falsos nos distanciam, no mundo, do próprio mundo. Embora sejam situações em fatos (é verdadeiro que são falsos), não se referem a fatos.

Os pensamentos, como estruturas com capacidade para a verdade, são parcialmente independentes de convicção e persuasão. Há um componente externalista no conceito de pensamento. É possível equivocar-se sobre o pensamento que se está pensando. Portanto, os pensamentos existem, e existem de modo que possamos ter um acesso com capacidade para a verdade em relação a eles; os pensamentos se definem como estruturas com capacidade para a verdade. Aqui vale a regra da *despaçotemporaliza-ção ontológica*, ou seja, o conceito de objeto não é idêntico ao conceito de objeto espaçotemporal. Considerando o fato de que podemos também nos referir a pensamentos com nomes próprios, por exemplo ao teorema de Pitágoras ou à mecânica quântica, existem estruturas com capacidade para a verdade, pensamentos independentes de convicção ou de representação. Certamente existe uma história construtiva (histórica e socialmente mediada) do nosso acesso com capacidade para a verdade a pensamentos com capacidade para a verdade, mas não podemos concluir daí que todos os nossos pensamentos sejam historicamente mediados, mesmo no caso de o acesso a eles ocorrer exclusivamente de modo histórico ou socialmente mediado.

Parto do pressuposto de que somos "lançados" no sentido. Nós encontramos o sentido. A facticidade verdadeira está no sentido, e não, por assim dizer, na existência nua, espaçotemporalmente extensa, dos objetos. O universo espaçotemporalmente extenso é apenas uma província que, embora seja transfinita, revela-se de pouco valor, provavelmente em extinção. O universo nos impressiona bastante, sendo o lugar do nosso nascimento e da nossa morte. Entretanto, como já dissemos, isso não quer dizer que o estudo das propriedades físicas do universo tenha alguma relação com a ontologia. A ontologia é e continua sendo metafísica. E a metafísica, tanto quanto a física, é uma ciência, com a diferença de que trabalhamos na dimensão de uma articulação conceitual de definições, as quais possibilitam que de algum modo participemos de algo objetivo (e não de emoções puramente subjetivas, como pensava Carnap).

A dependência do sentido não é correlacionismo, não é sequer uma correlação, como Frege evidenciou de maneira precisa, opondo-se à teoria da verdade como correspondência e ao representacionalismo ao qual está associada. As várias tipologias de sentido, portanto, não são representações, não são algo parecido

FACTICIDADE, ACESSIBILIDADE E CONTINGÊNCIA

com estados mentais subjetivos ou *Vorstellungen* de nenhum tipo. São, antes, as várias condições de acessibilidade que manifestam aquilo que chamo de "campo de sentido". Uma vez estabelecido um campo de sentido, há objetividade e, em certo sentido, há objetividade plena com o mais amplo papel cosmológico, como nomeou Crispin Wright, segundo o qual "a amplitude do papel cosmológico"[25] se refere à distância entre a compreensão de um fato e a compreensão de um recurso à nossa compreensão dele. Por exemplo, compreender o pensamento de que tenho dor de dente implica a compreensão de que essa dor não existe independentemente de mim, enquanto compreender o pensamento de que a Terra é diferente da Lua não implica de forma nenhuma que esse fato não existe independentemente de mim ou de qualquer um. Por isso, o papel cosmológico da dor é inferior ao papel cosmológico dos corpos celestes.

A noção de "objeto", operativa em um domínio, estabelece-se com limitado espaço de manobra para afirmações ou negações. A intuição de base que está por trás disso pode ser ilustrada com uma cadeia de pensamentos que Putnam utiliza para rejeitar o "realismo metafísico".[26]

Digamos que há três cubos sobre uma mesa: um cubo vermelho, um cubo branco e um cubo azul. Chamamos isso de "mundo dos cubos". Se perguntarmos: "Quantos objetos há sobre a mesa?" A resposta mais espontânea seria: "Três!" Entretanto, para chegar a ela, é necessário que o domínio de referência seja determinado. Há (para ser preciso, transfinitamente) vários modos de organizar objetos sobre a mesa. Toda organização corresponde a outra, ou, no mínimo, a um número finito de respostas corretas à pergunta quantos objetos há sobre a mesa. Além da determinação do "objeto" como "cubo", poderia ser pedido que contássemos as cores, os lados, os átomos, os *quarks*; poderíamos amontoar os cubos e pensar que se trata de uma obra de arte... Um sentido é, portanto, um modo de organizar os objetos, tornando o mundo mesa/cubo acessível apenas sob uma modalidade de apresentação específica. Dessa forma, não há uma resposta à pergunta: "quantos objetos há *tout court?*", porque não existem objetos *tout court*.

Chamamos esse raciocínio de *alegoria dos cubos*. A alegoria dos cubos, em relação à ortodoxia fregiana, introduz um conceito de sentido conceitualizado de maneira diferente, outro sentido associado ao signo "sentido". Esse conceito de sentido une a identificação do sentido de Frege com modos de apresentação, concebendo entretanto modos de apresentação como regras de organização mais precisas, constitutivas, de modo que os objetos possam aparecer de uma forma determinada. Essas regras de organização são, portanto, pouco subjetivas, assim como o sentido em Frege, mas não são de forma nenhuma especificamente semânticas, e resistem à *linguistic turn*. Na minha concepção, a vista de um vulcão, como o Vesúvio de Nápoles, é uma propriedade do vulcão em um determinado campo de sentido. Trata-se, nessa perspectiva, como em qualquer outra existente, de um campo de sentido.

Com tudo isso, a alegoria dos cubos ensina que há uma indeterminação ontológica, porque não existe uma única metarregra que compreenda todos os modos possíveis de organização. Não há um modo definido de organizar, uma hipersituação que teria definitivamente estabelecido a noção de uma organização.

Não existe um sentido único do sentido. Isso não é um defeito da língua natural, que pode, no âmbito da matemática, ser remediado graças à lógica, mas a estrutura do próprio sentido. Justamente devido ao fato de o sentido ser incompleto, existem diferentes campos de sentido e, em geral, alguma coisa. O sentido completo por excelência, o absoluto, não pode existir. Isso não é o mesmo que afirmar que existem apenas perspectivas e interpretações, jamais fatos, uma vez que, seja como for, há fatos a respeito das perspectivas e das interpretações. Assim, a epistemologia moderna definiu de maneira equivocada a origem da pluralidade do que é

FACTICIDADE, ACESSIBILIDADE E CONTINGÊNCIA

individuado como modalidade de acesso, sem entender a razão ontológica a favor da pluralidade epistemológica. Trata-se de uma verdade a propósito do mundo dos cubos e, portanto, de um fato que evidencia a existência transfinita de múltiplos modos de organizar os objetos no mundo. Estamos com certeza bem distantes do fim da história, porque o mundo que apresentei como mundo dos cubos não é tão simples como sugeri. A organização que usei para apresentar a pluralidade dos modos de organização é, evidentemente, outra organização, já que não é correto pensar na alegoria dos cubos como um conjunto fixo de objetos mínimos pré--fabricados, que terminaria em variadas organizações. Davidson considera inconsistente essa versão do dualismo forma-conteúdo.[27] Para a discussão contemporânea é suficiente notar que a alegoria dos cubos, por várias razões, não implica que não existam objetos sem sujeitos. Antes de tudo, nem todos os sentidos se relacionam a um sujeito.

Para colocar a pergunta sobre a quantidade dos objetos – quando "objeto" se refere a "átomo" –, a organização necessária para torná-los acessíveis não menciona sujeitos. Compreender a noção de átomo não implica compreender a noção de sujeito, isso porque podemos compreender facilmente que átomos existem sem sujeitos. Tanto a extinção total no futuro (Brassier) quanto a ancestralidade de um passado antes da existência do homem no universo (Meillassoux) são pensamentos simples, perfeitamente compatíveis com um idealismo dependente do sentido. Além disso, o sentido enquanto tal não é subjetivo (ainda que, entre outras coisas, existam alguns sentidos dependentes da referência da subjetividade). O sentido é parte do mundo; não é um âmbito exclusivamente subjetivo. Também Badiou, apesar das suas suspeitas antideleuzianas em relação à noção de sentido, poderia concordar com essa noção, que considero próxima, ainda que não idêntica, do seu "índice transcendental", constitutivo de um mundo na transfinita pluralidade dos mundos.[28]

O sentido é uma modalidade de organização por meio da qual algo é apresentado de modo específico. Essa apresentação envolve, às vezes, mas não necessariamente, um sujeito, alguns sujeitos, a subjetividade ou algumas subjetividades. Uma apresentação não é sempre uma apresentação para um sujeito, uma consciência, uma linguagem, ou qualquer outro sistema representacional, e de fato também para estes isso deve ser representado de um modo ou de outro para poder existir (para eles). Entretanto, não se conclui daí que a apresentação *do* sujeito seja necessariamente uma apresentação *para* o sujeito. Todo sujeito pode sempre enganar-se sobre si mesmo. Em outras palavras: é inevitável que consideremos *a facticidade do sentido*. Algumas tipologias de sentido estão constituídas desde sempre. Também no "mundo" ancestral as coisas devem ser organizadas de maneira inteligível, embora não seja de particular importância que tal organização inteligível esteja conceitualizada por meio de um sistema representacional.

O sentido define um espaço de objetividade. Entretanto, nesse espaço, não é necessário que ele próprio apareça. Ao contrário, é impossível para qualquer campo de sentido que tanto múltiplos objetos quanto sua modalidade de organização se apresentem no interior do mesmo campo. Para organizar os objetos e a sua organização, existiria uma organização diferente daquela das coisas. Todo sentido organizado gera um sentido diferente, em outro nível. Por esse motivo a facticidade do sentido é necessariamente opaca. Ainda que o sentido se torne ele próprio o conteúdo de uma organização diferente, incluindo sentidos variados no interior do seu campo de sentido, há sempre algum sentido, por assim dizer, "no fundo", ainda não conceitualizado, mesmo que isso possa se tornar o conteúdo de um campo de sentido diferente. Creio que esse seja um dos possíveis modos de interpretação da célebre afirmação contida no *Ensaio sobre a liberdade* de Schelling de que haverá sempre um "resíduo que nunca desaparece".[29]

FACTICIDADE, ACESSIBILIDADE E CONTINGÊNCIA

Brassier desenvolve um argumento semelhante na esteira do diagnóstico que Meillassoux faz de uma "facticidade absoluta".[30] Ele afirma que deveríamos escolher entre um regresso ao infinito no âmbito da contingência ou uma facticidade absoluta, para impedir o regresso.[31] A facticidade absoluta seria o *status* modal da necessidade da contingência. Na interpretação de Brassier, a necessidade da contingência é a necessidade do pensamento de que não pode haver uma entidade necessária. Sendo que esse pensamento existe em si, ele mesmo é a única entidade necessariamente existente, o que afinal nos faz perguntar se não é uma recaída de Meillassoux na metafísica, ou um correlacionismo de ordem superior, como sugere Brassier.[32]

Entretanto, no panorama que até aqui apresentei, um *regresso ao infinito* (em todos os sentidos técnicos do termo) não pode apresentar-se.[33] Isso é bem fácil de perceber. Determinemos a existência de pelo menos um objeto O. Para poder existir, O deve aparecer em um campo de sentido. Se não aparecesse em um campo de sentido, jamais seria determinado como algo e não se organizaria de nenhum modo específico. Entretanto, o não estar organizado de uma maneira específica significa estar organizado na verdadeiramente específica maneira de não estar organizado de nenhuma maneira específica. Há um sentido no não sentido. Portanto, se O existe, há um campo de sentido C1. Ora, C1 não se reflete em O, no sentido de que não é idêntico a O. Para investigarmos C1, este deverá ser objeto de outra pesquisa. Assim, criamos um campo de sentido que contenha O e C1. Esse novo campo de sentido, C2, não é idêntico nem a O, nem a C1. Ou seja, toda vez que refletimos sobre a constituição de um campo de sentido específico, essa reflexão já acontece dentro de outro campo de sentido. Entretanto, a transição entre o primeiro campo de sentido e o segundo não resultaria em uma ordem lógica de sucessivos níveis reflexivos. Um dos motivos é que nem O, nem C1 como objeto englobado por C2 pertencem necessariamente a apenas um campo de sentido. Na verdade, para todo objeto, há

O SENTIDO DA EXISTÊNCIA

uma gama indefinida de possibilidades de organização diferentes. Esta é, a meu ver, a compreensão correta da "contingência absoluta". A contingência nada mais é que a possibilidade de ser de outra maneira, aquilo que é contingente "pode tanto ser como não ser (τὸ δυνατὸν εἶναι καὶ μή)", como ensinou Aristóteles.[34]

Ora, O poderia aparecer em uma pluralidade de campos de sentido, assim como os três cubos poderiam ser organizados em uma transfinita multiplicidade de modos. Não há uma relação determinada entre O e um campo de sentido, porque toda relação pressupõe o estabelecimento de outro campo de sentido, que estabelece a necessidade da relação. Entretanto, também esse outro campo de sentido está aberto à contingência. Ele não implica um regresso ao infinito linear, porque qualquer passo desse regresso conduziria sempre a múltiplas direções transfinitas. Não existe uma única regra de organização, aplicável à formação de todos os campos de sentido.

Por isso a transição de um campo de sentido ao outro não é sempre a mesma operação. A transferência de O e C1 para C2 pode acontecer de modos muito diferentes entre si, o que pode depender tanto de O, como de C1 ou de C2. Depende, realmente, de qual sentido está em jogo. Vamos ilustrar isso com um exemplo. Suponhamos que eu e você, caro leitor, estivéssemos almoçando juntos. Um almoço é um campo de sentido que implica diversas regras de acordo com cidade, nação, grupo social, poder de compra, gosto etc. Nesse campo de sentido aparece um garfo. Agora poderíamos passar esse garfo, objeto O, do campo de sentido C1 (almoço) ao campo C2. C2 poderia ser a representação do nosso almoço, que acabamos de dividir em duas (enquanto você está lendo estas páginas, é muito provável que não estejamos almoçando juntos). Outro exemplo: suponhamos que você é um químico que, no café da manhã, nota que a maçã está com uma cor estranha, decidindo assim levá-la do campo de sentido do café da manhã para

FACTICIDADE, ACESSIBILIDADE E CONTINGÊNCIA

o laboratório, a fim de analisá-la no campo de sentido da química. Essa transição, que transporta a maçã do campo de sentido do café da manhã para o da química, é diferente da transição mental anterior, que partia de representar um almoço para ir ao nosso pensamento dessa representação. Não existe necessariamente uma transição sempre idêntica de um campo de sentido para o outro. E, se não há uma regra única ou universal para essa transição, então não há nela nenhum regresso ao infinito. Uma vez que o regresso ao infinito existiria se houvesse uma repetição infinita, lógica ou conceitualmente imposta, de utilização de uma mesma regra.

Encontramos aqui, portanto, um argumento para essa necessária incompletude ontológica (que é necessária nos limites do campo de sentido dos campos de sentido, compreendidos como são representados aqui). Como defendi, esse argumento possui certa semelhança de família com o teorema de Cantor, mas de forma nenhuma se refere aos fundamentos da teoria dos conjuntos.[35] Suponhamos, de maneira absurda, que exista apenas uma regra de organização aplicável à formação de tudo e de cada campo de sentido, uma regra transcendental no sentido forte de uma regra universal e necessária. Teríamos, assim, um número de campos de sentido e uma regra de formação que poderia desencadear um regresso ao infinito. Ainda assim, deverá haver um campo de sentido no qual a regra de formação possa ser determinada. Do contrário, ela não poderia existir; porque a existência está vinculada à possibilidade de aparecer em um campo de sentido. Ora, a regra aparente não poderia ser idêntica à regra aplicada na própria formação do campo de sentido em que aparece. A regra aplicada na própria formação do campo de sentido em que ela aparece não pode constituir a si mesma como um objeto. Caso contrário não estaria na posição do sentido, de uma regra. Por isso não existe a possibilidade de tornar explícita uma regra transcendental determinando-a. Entretanto, uma regra absolutamente indeterminada não pode existir, porque deveria ser determinada como indeterminada, ou pelo menos de-

O SENTIDO DA EXISTÊNCIA

terminável como indeterminável para aquele assunto. Por essa e outras pertinentes razões, não existe uma regra única ou um único "binário para o infinito" (Wittgenstein) que prescreveria a direção linear de um regresso ao infinito.[36]

Contingência e necessidade

Não há como transcender a facticidade do sentido. Em relação aos objetos registrados dentro de um campo de sentido, tal facticidade poderia aparecer como necessária. Entretanto, em termos concretos, as regras constitutivas de qualquer campo de sentido não são qualificadas de modo modal, independente do aparecimento em um campo de sentido. Para compreender a dimensão dessa afirmação, é necessário redefinir as modalidades, baseando-as em uma ontologia dos campos de sentido. Em primeiro lugar, preciso destacar que proponho uma mudança aristotélica para a ontologia contemporânea, mudança que entendo como correção do neoplatonismo da mais recente ontologia francesa. Examinemos a célebre definição aristotélica do que foi seguidamente rotulado como "ontologia":

> Existe uma ciência que considera o ser enquanto ser e as propriedades que lhe competem enquanto tal. Ela não se identifica com nenhuma das ciências particulares: de fato, nenhuma das outras ciências considera universalmente o ser enquanto ser, mas, delimitando uma parte dele, cada uma estuda as características dessa parte. Assim o fazem, por exemplo, as matemáticas.[37,*]

Em outras palavras, a ontologia aristotélica é uma teoria dos domínios. Não toma um domínio específico, como números, obras de arte, luta de classes etc., mas considera os domínios na sua

---

* Utilizamos aqui a tradução de Giovanni Reale, vertida para o português por Marcelo Perine: Aristóteles, *Metafísica*, São Paulo, Loyola, 2002. (*N. do T.*)

qualidade de domínios. O que significa existir para os números, as obras de arte ou a luta de classes? Já que todos eles existem de modos diferentes, o ser deve ser compatível com uma pluralidade. Ainda assim, a pluralidade ou multivocidade do ser nos remete a um significado focal e necessariamente vazio. Ora, Aristóteles, como se sabe, acreditava que esse significado focal fosse Deus, ou seja, pura atividade como substância. Entretanto, não é necessário segui-lo pela estrada enganosa da ontoteologia. Para o bem do argumento, gostaria de repetir aqui que o ser se diz de muitos modos e que o seu significado focal é a sua relação de aparecimento em um campo de sentido. *Ser/existir significa aparecer em um campo de sentido, e esse aparecimento é múltiplo.*[38] Todos os objetos e fatos aparecem em múltiplos modos. O aparecer é algo multívoco, entretanto possui elementos idênticos em número suficiente para poder ser interpretado como analogia ou semelhança de família.

Seguindo as considerações anteriores, defino *contingência* como a possibilidade de ser de outra forma. A *necessidade*, por outro lado, é a impossibilidade de ser de outra forma. Por exemplo, hoje eu poderia não ter tomado café da manhã, é contingente que eu tenha tomado café da manhã, ao passo que não poderia ser de outra forma que 2 + 2 = 4. A pergunta é então a seguinte: existem um campo de sentido último e uma verdade associada a ele que poderiam ser sempre uma necessidade absoluta? Para Meillassoux, existem: não poderia ser de outra forma o fato de que tudo poderia ser de outra forma. Para ele, a contingência é ela própria necessária, afirmação aliás bastante famosa, encontrada já em Hegel, na *Ciência da lógica*.

Mas como explicar as modalidades? O que elas caracterizam exatamente? Por muitas razões, acredito que a lógica modal do século XX, com suas vagas histórias de ficção científica sobre "os mundos possíveis", não consiga elucidar as modalidades. Se a lógica modal define a "necessidade" como uma "verdade em todos os mundos possíveis", então deve também definir a "possibilidade"

O SENTIDO DA EXISTÊNCIA

com base na quantificação dos mundos possíveis. Entretanto, definir a *possibilidade* por meio dos mundos *possíveis* é uma evidente circularidade. Além disso, os lógicos modais nunca nos disseram realmente o que seria, na sua linguagem, um "mundo". David Lewis sugeriu pensarmos os "mundos" como "universos físicos", o que – devo admitir – é uma estupidez metafísica das piores, e sempre me surpreendeu como essa afirmação seja possível dentro da boa tradição analítica, com suas tradicionais suspeitas sobre os ditos problemas ilusórios, típicos da metafísica. Mas há um problema ainda maior no fato de que Lewis compreende os mundos como universos físicos: nesse caso, o solipsismo seria necessariamente falso em qualquer mundo possível, o que ele não demonstra. E por que desenvolver a ontologia das modalidades sob as condições da necessidade de provar a falsidade necessária do solipsismo? Lewis simplesmente parte do pressuposto de que existem mundos apenas se houver um universo físico. Mas de onde surge essa informação? Podemos sempre imaginar a possibilidade de que só a *Matrix* existe ou de que o mundo é apenas um sonho, como afirma o hinduísmo. Considero, por exemplo, esta última hipótese falsa, mas não necessariamente falsa. Assim, antes de tudo, é preciso demonstrar que não existe um único mundo subjetivo-idealista possível.

Seja como for, basta para nós compreender a contingência como uma organização de objetos, de estados de coisas dentro de um campo de sentido que poderia ser de outra forma. A necessidade, portanto, é uma organização de objetos ou estados de coisas dentro de um campo de sentido que não poderia ser de outra forma. O que poderia e o que não poderia ser de outra forma dependem do sentido implicado na constituição do campo de sentido. As regras que constituem as modalidades de objetos dentro de um domínio específico, distinguindo-o de outros domínios, não se aplicam necessariamente ao próprio domínio.

Por força da validade de uma série de axiomas e regras, é necessário que 5 + 7 seja igual a 12. Entretanto, essa necessidade

FACTICIDADE, ACESSIBILIDADE E CONTINGÊNCIA

pressupõe o estabelecimento de regras que não são por si mesmas necessárias. Não só existem sistemas aritméticos alternativos, mas as leis da aritmética não se aplicam a objetos fora do domínio da aritmética. Se você adicionar duas gotas de água a duas gotas de água, não terá quatro gotas de água.

Naturalmente, a noção aritmética de "adição" define a quantificação de modo a não inserir o caso da água no conceito de "adição". Entretanto, essa diferença não se reflete dentro das necessidades da aritmética. Não é um teorema de aritmética o fato de ela não ser idêntica ao espanhol ou a uma viagem no metrô de Hong Kong, ainda que não tenha sido possível afirmar as verdades da aritmética sem a capacidade de individuá-las em um domínio particular. Uma vez que a diferença entre os campos é ontologicamente constitutiva da existência de qualquer coisa, não pode existir nada que não tenha podido ser de outra forma, ou seja, que não tenha podido existir em outro campo de sentido ou, usando outra formulação, que não possa ser apresentado de outra maneira.

Isso vale também para qualquer tipo de necessidade. Verdades necessárias ou organizações constitutivas de discursos (capazes de verdade) não só existem como são contingentes em uma ordem superior uma vez que existem. O mesmo campo no qual aparecem não é qualificado de modo modal, a não ser que seja determinado. Sendo determinado, pode ser então contingente ou necessário. Entretanto, haverá sempre um campo dentro do qual aparecerá certo número de campos não determinados. Exatamente por isso não podemos estabelecer a necessidade da contingência. Entretanto, explicitando o que já propus sobre esse aspecto, não podemos sequer estabelecer a contingência de toda contingência.[39] Por outro lado, podemos assegurar que não existe uma necessidade última da contingência, porque não existe um campo de sentido último, que, por meio do mesmo *token*, exclua a afirmação da contingência total. Se não há um campo de sentido último, não há uma modalidade última.

O SENTIDO DA EXISTÊNCIA

Se existisse um campo de sentido último no qual tudo aparecesse, ele deveria ser onicompreensivo. Mas esse campo não pode existir. Se existisse um campo de sentido onicompreensivo, ele deveria apresentar-se em outro campo de sentido (uma vez que a existência está ligada ao aparecimento dentro de um campo relativo ou à imanência do campo). Se aparecesse em um campo de sentido, este incluiria algo a mais do que o campo onicompreensivo. Por isso o campo de sentido contentor de tudo deveria compreender todas as coisas. Tal campo, entretanto, não poderia pertencer a tudo aquilo que compreende, porque *ser compreendido* é diferente de *compreender*. Portanto, o campo compreendido "oni"contentor não pode ser idêntico ao campo onicompreensivo. Se o campo onicompreensivo estivesse compreendido em algum campo (incluindo o caso em que, absurdamente, estivesse compreendido em si mesmo), enquanto consequentemente contido, não seria o campo onicompreensivo. Assim, o campo onicompreensivo não pode nunca existir, exatamente porque não pode ser compreendido. Não pode, definitivamente, aparecer em nenhum campo de sentido.

Ora, as modalidades se aplicam exclusivamente à existência. Descrevem a estrutura relacional dentro de um campo de sentido, ou seja, algumas das relações entre objetos que aparecem em um campo de sentido, se não todas. As modalidades descrevem somente os próprios campos, na medida em que eles são objetos de outro campo (o que é sempre possível, salvo no caso de um campo onicompreensivo).

Consequentemente, não existem modalidades definitivas. A modalidade de um campo de sentido definitivo é indecidível, porque não há uma coisa que possa ser qualificada de modo modal. Entretanto, para todos os campos de sentido (exceto o campo dos campos, que não pode e não necessita ser pressuposto como existente), as modalidades atribuídas a eles são relativas ao campo. Toda necessidade (inclusive a necessidade da contingência) depende de parâmetros, que poderiam ser de outra forma. Essa

FACTICIDADE, ACESSIBILIDADE E CONTINGÊNCIA

contingência de ordem superior (que, como apontei, não desencadeia um regresso ao infinito) não é compreensível dentro de um único campo dado. A afirmação de uma contingência de ordem superior não é, em sentido estrito, revisionária, mas descritiva.

Não está, de fato, determinado se 2 + 2 = 4 é realmente contingente e não necessário. Pelo que sei, é de fato necessário que 2 + 2 seja igual a 4. Entretanto, as mesmas regras que estabelecem essa necessidade, tornando-a compreensível nos termos de uma operação adicional, constituem um campo de sentido cuja modalidade não é aquela mesma necessidade dos resultados da adição. Uma vez que o significado de adição está adequadamente fixado, 2 + 2 implica realmente 4. Entretanto, a relação de implicação não é a mesma em todas as formas da "rigidez do dever lógico".

Estamos vinculados a uma explicação puramente formalista ou funcionalista da adição – que ajudaria a evitar qualquer platonismo em relação aos números – ou há um argumento que estabelece que a necessidade das regras constitutivas e, portanto, a necessidade da necessidade aritmética, seja concebida de modo específico? Se operamos aritmeticamente (contamos, raciocinamos) ou trabalhamos em outro ramo do saber matemático, não somos obrigados, desenvolvendo essa atividade, a uma interpretação da mesma. A necessidade de que 2 + 2 seja igual a 4 não é idêntica à necessidade de uma determinada interpretação dessa necessidade. Toda atividade orientada cognitivamente (em última análise, toda atividade orientada ao sentido) conclui-se ao atingir um ponto "cego", como diz Wittgenstein. Conclusão que significa apenas que a necessidade de que 2 + 2 seja igual a 4 não obriga que também a sua interpretação (formalista, platônica, comportamentista etc.) seja necessária.

Se dizemos que 2 + 2 é necessariamente igual a 4, isto significa que, em um determinado campo de sentido, chamado "aritmética", isso não pode ser de outra forma. Nesse campo nenhuma outra verdade é aceitável. Ora, se essa circunstância é relativizada, de fato podem existir várias aritméticas, podemos interpretá-la de modo puramente formal. Mas uma necessidade realmente consistente não precisa, por sua vez, de uma motivação necessária para ser necessária. Logo, devemos sempre separar com atenção a pergunta sobre a necessidade de x da pergunta sobre a necessidade da nossa interpretação da necessidade de x. Para qualquer opção na reconstrução da estrutura motivacional da escolha, há sempre uma margem de manobra.

Essa margem de manobra é a contingência. Por isso, tudo poderia ser de outra forma, ainda que tudo pudesse ser de outra forma, e há mais questões sobre o significado das modalidades de sentido em que afirmamos ou a necessidade da contingência ou a contingência da necessidade (incluída a contingência da necessidade da contingência). A questão é, de acordo com o campo de sentido, o que significa constatar a sua contingência em outro campo de sentido.

O ponto importante é que a contingência radical não está estabelecida desde sempre, precisamente porque não há a análise de um campo de sentido onicompreensivo que nos colocaria virtualmente na posição de distribuir as modalidades por todos os campos. Simplesmente não existe nenhuma resposta à pergunta sobre todas as necessidades serem contingentes ou não, mesmo que toda decisão sobre a questão da necessidade/contingência para cada objeto ou campo de sentido ocorresse sob condições contingentes. Por esse motivo, não podemos e não é necessário dizer que tudo é contingente, entre outras razões porque não existe algo como o todo!

Isso, diga-se de passagem, é compatível com o recurso da filosofia francesa contemporânea ao teorema de Cantor, em Badiou e Meillassoux, ainda que eu não creia que a argumentação matemática seja adequada à ontologia. Tanto Badiou como Meillassoux deveriam concordar que não existe um todo, que não existe o "universo", mas apenas "mundos", como afirma Badiou, ainda que não esteja claro em que medida Meillassoux aprove a afirmação de Badiou sobre uma necessária pluralidade de mundos.

FACTICIDADE, ACESSIBILIDADE E CONTINGÊNCIA

Entretanto, se não existe um todo, não podemos nem quantificar, nem qualificar a propósito do todo, assegurando que é necessariamente contingente ou qualificado para outra modalidade (ou cadeia de modalidades).

Além disso, reiteramos, haverá sempre uma margem de manobra. Se conseguíssemos alcançar ou criar um campo de sentido que excluísse qualquer alternativa, se realmente conseguíssemos chegar ao fundo último de uma necessidade absoluta, aí então nos movimentaríamos em um campo de sentido onicompreensivo. Para todo campo que não compreende tudo, existe uma alternativa. O sinal "2", por exemplo, não precisa aparecer somente no campo de sentido da aritmética. Podemos dizer também que existe um gramado cortado a duas lâminas, em que o "2" não é idêntico ao "2" em sentido aritmético. Simplesmente não há enunciado sem contexto. De outra forma, não poderia sequer existir. Nesse sentido, concordo com a célebre afirmação de Derrida de que "não há nada fora do texto",[40] considerando a necessária metaforicidade dessa expressão, que não se confunde com uma declaração ôntica sobre o que existe. Derrida não afirma que de fato existem apenas textos, até mesmo onde pensávamos que houvesse, por exemplo, mamíferos ou boates. Tudo o que quer afirmar é que não podemos fugir à contextualidade, que, entretanto, não nos torna prisioneiros do pensamento, da linguagem ou da escritura, mas nos revela os mundos do pensamento com capacidade para a verdade.

Seja como for, a contingência radical se mantém forte, mesmo sem se fundar na afirmação de que tudo é contingente. A contingência ocorre em qualquer posição afirmada dentro de um espaço no qual é possível se movimentar. E não existe nenhuma posição transcendente que não crie possibilidades alternativas. Tal posição não poderia existir, pois pressuporia a existência (impossível) de um campo de sentido onicompreensivo. Entretanto, isso não significa que tudo seja desde sempre contingente, justamente porque o todo não existe.

O SENTIDO DA EXISTÊNCIA

Idealismo, niilismo e realismo interno

A posição que defendo é idealista no que se refere à própria concepção do sentido, niilista em relação ao "mundo" e realista interna no que se refere à existência. Qualquer coisa que existe é acessível. Esta é uma tese idealista. Nota-se rapidamente que o idealismo não exclui o realismo, sendo apenas uma perspectiva específica sobre a relação entre ser e acessibilidade.[41] A acessibilidade incorpora-se na própria noção de determinação ontológica. Essa concepção pode ser chamada de *idealismo dependente do sentido*. Devemos decerto acrescentar também que a acessibilidade da acessibilidade depende da subjetividade. Aqui proponho o seguinte: o fato de a Lua terrestre não ser a Terra já era acessível antes da existência de seres capazes de conhecer esse fato. O sentido de que a Lua não é a Terra já existia. Entretanto, é característica da subjetividade que a acessibilidade seja acessível a si mesma. Assim, defino a subjetividade como *acessibilidade autorreferencial* e, no próximo capítulo, argumentarei que a acessibilidade autorreferencial torna a objetividade possível apenas porque constituímos uma comunidade de potenciais discordantes. Há, evidentemente, uma relação entre o fato de que poderíamos não concordar sobre algumas coisas e o fato, igualmente importante, de que existem coisas cuja acessibilidade como tal pode ser discutida. Não alcançamos, portanto, apenas objetos, mas também a objetividade. A objetividade depende da subjetividade, mas nem todos os objetos dependem dos sujeitos. O idealismo dependente do sentido distingue-se rigorosamente do idealismo dependente da referência.

Não existe nada sem sentido, mas há muitos sentidos cuja própria acessibilidade ainda não é acessível. Poderia haver motivos para explicar isso nos termos de uma correlação entre subjetividade (dar sentido) e objetividade, mas no que até agora apresentei não é necessário pensar o sentido nos termos de nenhuma teoria da subjetividade tradicional. Reiterando, a objetividade é dependente

FACTICIDADE, ACESSIBILIDADE E CONTINGÊNCIA

do sentido. Isso não pressupõe, entretanto, que todo sentido seja produzido por um sujeito, nem que a subjetividade seja o lugar primário da produção de sentido. Na minha opinião, a subjetividade é um dos campos de sentido, entre outros, a ser investigado por meio de uma teoria da subjetividade.

Quanto ao mundo, acredito que não exista. Sem dúvida, qualquer coisa depende da própria noção de "mundo". No contexto da minha investigação campo-ontológica, o termo "mundo" se refere a um campo de sentido onicompreensivo. Em todas as abordagens tradicionais, o mundo sempre foi identificado como uma unidade onicompreensiva ou uma totalidade, e muitos filósofos (por exemplo Nicolau de Cusa, Kant e Heidegger) negaram a sua existência. Esse ponto de vista poderia ser chamado de *niilismo ontológico*, ótica que corresponde à afirmação de Jacobi de que Kant e Fichte eram niilistas. O niilismo bem compreendido – ou, lembrando o slogan de Rorty, "o mundo bem perdido (*the world well lost*)"[42] – adequa-se à afirmação idealista de que tudo o que existe é acessível exatamente porque existe em um campo de sentido. Mas por que dar-se ao trabalho de chamar isso de "niilismo"?

A resposta é simples: concordo com o diagnóstico de Nietzsche de que o niilismo moderno, no sentido alargado do maior "desencantamento" (Weber) do mundo, é simplesmente incoerente. O mundo é privado de todo valor com a declaração de que o todo não possui valor. Devemos, então, salvar o conceito de niilismo. A principal razão para a declaração niilista de uma crise dos valores deriva da concepção da existência como destituída de valor. A inexistência do mundo não comporta um mundo carregado de valores, nem um campo de sentido, nem gera valor em sentido direto. Se o niilismo é a afirmação de que não existe uma fonte última de valor, porque não existe uma fonte última *tout court*, então isso não exclui *a priori* a criação de valores. Mas criação ou produção nunca quer dizer que produzimos um sentido do nada. Produzir um sentido significa trazer à luz das nossas práxis discur-

O SENTIDO DA EXISTÊNCIA

sivas um sentido já existente. O conceito de criação ou produção em Deleuze é um desagradável resquício da influência da teologia medieval na mente moderna. Não há razão, em um mundo global, para privilegiar as superstições conceituais do cristianismo ou de qualquer outra religião. Quanto ao sentido, na forma de valor, posso imaginar uma boa interpretação do princípio deleuziano de que "o sentido é produzido (*le sens est produit*)".[43] Se com isso Deleuze buscava dizer que há um *management* histórico-social dos sentidos integrados na autorrepresentação de uma sociedade, ou de setores de uma sociedade altamente diferenciada, também poderia concordar com ele. Mas temo, infelizmente, que a intenção de Deleuze tenha sido ontológica. Do ponto de vista da ontologia, é falso ou capcioso afirmar que o sentido é produzido. Por que o sentido e qualquer forma de valor (dependente do sentido) deveriam ser excluídos de uma ontologia correta? Apenas se a sua ontologia for elaborada fundamentando-a em um absurdo campo de sentido onicompreensivo – como Brassier, por exemplo – poderia ser necessário postular, como paradigma da existência, uma existência radicalmente livre de valor. Não há nenhum problema de desencantamento, porque o desencantamento é somente outro modo de encantar o mundo. O "niilismo cientificista" de Brassier ecoa claramente o bom, velho e existencialista *pathos* do projetar a própria vida diante do contrassenso *en soi*, no qual somos jogados só para desaparecer logo depois. Mas esse *pathos* é, claramente, outro modo de encantar a existência por meio da defesa de um único valor, ou seja, o de que o ser é destituído de valor. A própria tentativa de livrar-se do valor recorre a um conjunto de valores, por exemplo, o valor do discurso "puro e desinteressado" de práticas como a ciência. Lembrando o diagnóstico de Adorno e Horkheimer, esse tipo de iluminismo é a própria transformação da razão em religião (*enreligement*). Contra a perspectiva politico-ateia de Meillassoux, enfatizei que a crítica à religião certamente não necessita identificá-la com um tolo criacionismo, o qual, diga-

-se de passagem, nada mais é que uma tentativa ridiculamente malsucedida de "religião científica".[44]

Se entendermos "niilismo" como a tese de que o mundo não existe, o niilismo que defendemos aqui pressupõe que há muitos campos de sentido e que nenhum deles poderá pretender uma hegemonia absoluta sem, com isso, deixar de existir. As consequências ético-políticas dessa posição são uma questão completamente diferente. Aqui nos detemos apenas no fato de que o mundo não se deixa desencantar, porque a operação que deveria levar ao desencantamento conduziria à sua anulação. Não podemos com certeza afirmar que nada tem sentido, uma vez que esta afirmação não se referiria a nenhum objeto cuja sensatez possa ser colocada em questão.

Sem dúvida, há por aí ideias pseudorreligiosas no mínimo cegas, assim como há cegos discursos pseudocientíficos, por exemplo, as estranhas ideias metafísicas de Stephen Hawking sobre a física, ou a fantasia geral de uma "teoria do todo" física. Como Slavoj Žižek enfatizou em sua crítica ao "materialismo especulativo", um bom materialismo percorre verdadeiramente todos os caminhos para "a incompletude da realidade",[45] no lugar de, em segredo, pegar emprestada a ideia de um universo como inteiro desencantamento. O desencantamento é apenas outro modo de tentar tornar a realidade exaustiva, de agir como se finalmente soubéssemos de fato o que é o todo.

As repetidas referências a Cantor não impedem Meillassoux de cair na armadilha da postulação de uma regra constitutiva universal. A sua declaração de racionalismo é a obrigação de pensar no sentido ultrapassado de uma regra constitutiva do universo, que é, aliás, o motivo pelo qual ele formula a necessidade da contingência. A versão de Meillassoux da necessidade da contingência fundamenta-se na ideia de uma regra ou em um conjunto de regras que estabelecem a verdade *tout court* como princípio universal. Não importa que este seja chamado de "princípio de

O SENTIDO DA EXISTÊNCIA

não razão"[46] pois permanece forçadamente ligado a uma forma, de fato não tão contingente, de racionalidade. O niilismo ontológico é compatível com mundos carregados de valor. Entretanto, não nos comprometemos com nenhuma noção de totalidade que possa ser influenciada por um valor. Como Nietzsche justamente observou, o próprio fato de não podermos sair do todo, com o fim de avaliar o seu valor global, não ameaça o valor enquanto tal. Tal fato ameaça apenas a concepção de uma fonte última do valor, ou seja, uma específica concepção de valor. Entretanto, nem o idealismo dependente do sentido nem o niilismo ontológico afirmam que não existem objetos ou que não existem objetos independentes da mente. Ao contrário, o idealismo dependente do sentido assegura a inteligibilidade dos objetos. Sem o sentido, nada existiria de determinado, nada seria *apresentado* no sentido de Badiou e, portanto, nada seria *representável*.

Uma vez que um campo de sentido é estabelecido, há a possibilidade de um predicado de verdade realístico, operante no âmbito dos próprios objetos. No caso do "mundo" (aqui o termo se refere a uma organização de objetos) dos três cubos, existe uma resposta determinada à pergunta sobre o número de objetos na mesa, logo que é definida uma noção de objeto (um sentido). Suponhamos contar os cubos. Nesse caso a resposta determinada pela nossa pergunta seria "3", sem posterior contingência. Assim, podemos facilmente conceber um predicado de verdade realístico, mesmo com a possibilidade de alguns campos de sentido discursivos (como as banais questões de gosto) nos quais um predicado de verdade antirrealístico opera, possuindo também uma dependência da referência. Isso vale para todas as propriedades dependentes de resposta, no caso de existirem.

Não há uma questão geral de independência-da-mente, ou dependência-da-mente, envolvida na distinção entre materialismo e idealismo, ou entre realismo e idealismo. Decerto, tudo depende da noção de "idealismo" e do que se contrapõe a ela. Na minha opinião, o idealismo defende apenas, minimamente, uma existência inteligível. Esse é o idealismo mínimo que encontramos na tradição de Parmênides, à qual também Badiou adere de forma explícita.[47] Esse idealismo mínimo necessita ser explicitado como um idealismo especulativo. O idealismo especulativo é uma filosofia que se concretiza a partir da noção idealista de existência como inteligibilidade. Ele nasce com a questão sobre como se estabelece a inteligibilidade, cuja resposta poderíamos formular de modo materialista, como sugerem Žižek e a minha variante de idealismo schellinguiano (já defendida em outro texto).[48] De fato, na nossa referência à inteligibilidade, ela se refere a si mesma. A ideia é a seguinte: a inteligibilidade não existe independente de si mesma, esta afirmação sobre a inteligibilidade não é uma observação de um ponto de vista externo, mas uma auto-observação de dentro do reino da inteligibilidade.[49] Desse modo o mundo compensa a própria inexistência nas nossas pressuposições imaginárias de um absoluto, sendo este a autorreferência da inteligibilidade. Essa era a ideia fundamental do idealismo alemão, de um modo geral. Para Fichte, por exemplo, em sua tardia *Doutrina da ciência*, a partir de 1804, a questão central do absoluto é que ele pressupõe a si mesmo quando o pressupomos. O absoluto idealista nada mais é que retrojeção: pressupõe-se o ser como ponto de partida necessário de pensamentos específicos, sejam eles de qualquer tipo.[50] Entretanto, não existe algo como o ser em sentido eminentemente singular. Ele está disponível exclusivamente na transfinita multiplicação dos campos de sentido.

Na minha leitura, a subjetividade, ou o pensamento, em qualquer sentido psicológico, não é necessária para a existência. A inteligibilidade é suficiente e é garantida pela identificação da existência com o aparecimento em um campo de sentido. Entre outras coisas, isso me permite redefinir as modalidades, *grosso modo*, de maneira aristotélica. Há, assim, um idealismo aristotélico que se contrapõe à ontologia platônica de Badiou. Essa contrapo-

O SENTIDO DA EXISTÊNCIA

sição, entretanto, não necessita do "significado focal" do ser. O ser/existência é dito de modos variados, mas não com referência a um caso paradigmático de ser/substância/existência/Deus. A multivocidade da existência constrói-se, de fato, dentro da existência como tal.[51] Se, por necessidade, algo existe em vez de nada, existem no mínimo um campo de sentido e um objeto, e, se existe no mínimo um campo de sentido, deve existir pelo menos outro dentro do qual o primeiro aparece (para existir). Sabemos, assim, que há uma pluralidade heterogênea de campos de sentido. Essa pluralidade de campos implica a multivocidade do ser. Entretanto, e isso é decisivo, não há resposta para a pergunta "por que existe alguma coisa em vez de nada?". A única que poderia haver é que "nada" é inconsistente. Por isso, esse "nada" se atrapalha com o múltiplo aparecimento do ser. Mas esse múltiplo aparecimento ocorre exclusivamente em nenhum lugar, no coração do nada ou, para concluir em outro tom, ocorre bem no meio do nada.

3. A universalidade do sentido

O aspecto mais importante da noção fregiana de sentido é a sua objetividade. Como sustenta Frege na famosa comparação do telescópio, o sentido é a orientação de toda realização cognitiva.

> Suponhamos que alguém observe a Lua com um telescópio. Comparo a própria Lua ao significado: ela é o objeto que observamos, intermediado pela imagem real projetada pela lente da objetiva dentro do telescópio e pela imagem que se forma na retina do observador. A primeira é comparável ao sentido, a segunda à representação ou à intuição. Certamente a imagem do telescópio é unilateral, uma vez que depende do lugar de observação, mas é objetiva, já que diversos observadores podem se servir dela.[1]

Toda vez que entendemos um pensamento com capacidade para a verdade, esse pensamento atinge o seu escopo, a verdade, de modo singular, definido por meio dos próprios conceitos que entram no pensamento. Não há algo como *a* conquista da verdade, mas apenas caminhos singulares, ainda que algumas vezes objetivos, para a verdade.

Por exemplo, eu poderia acessar a mesma verdade com pensamentos claramente diferentes, um de que Arnold Schwarzenegger é o trigésimo nono governador da Califórnia (P1) e outro de que o ator que interpretou *Hércules em Nova York* é igualmente governador da Califórnia (P2). Presumindo que o mesmo fato seja capaz de atender tanto P1 como P2, ambos ainda são diferentes. Eles diferem na modalidade de acesso induzida por meio dos conceitos,

O SENTIDO DA EXISTÊNCIA

ou, nesse caso, por meio dos nomes próprios, ou nas descrições compreendidas pelos respectivos pensamentos. Ao mesmo tempo, os diferentes sentidos, associados aos diferentes pensamentos, são como objetivos, como todo resultado cognitivo que se obtém.

Isso é ainda mais óbvio em outro exemplo fregiano para equações matemáticas. Afirmar que $3 + 1 = 2 + 2$ significa afirmar que os dois sentidos (S1) $3 + 1$ e (S2) $2 + 2$ são diferentes modalidades de apresentação do mesmo; por exemplo, o número 4. Ora, não há nada de especialmente ou intrinsecamente "subjetivo" a propósito de $3 + 1$ ou de $2 + 2$. Mesmo que eu pudesse ter outra imagem mental ou estar em um estado psicológico diferente de outra pessoa quando pensamos que $3 + 1$ é 4, essa diferença não se reflete necessariamente no pensamento. Caso contrário, não seria o pensamento de que $3 + 1 = 4$, mas qualquer outro, por exemplo o de que é estúpido pensar que $3 + 1$ é igual a 4 ou o de que não gosto que $3 + 1$ seja 4.

Portanto, também os "sombreamentos (*Abschattungen*)" husserlianos são objetivos nesse sentido. Ver o copo daqui, de onde estou sentado agora, é uma perspectiva específica, disponível para qualquer um que ocupe a minha atual posição espacial. Não importa se é de fato possível para alguém tomar literalmente o meu atual ponto no espaço, de modo que este possa ser exatamente o mesmo em cada detalhe (porque seria no mínimo diferente no tempo). A questão é que não há nada de intrinsecamente subjetivo e, portanto, potencialmente modificador a propósito da perspectiva, da modalidade de apresentação ou sentido, compreendendo essa noção como apresentei no curso dos capítulos anteriores.

Entretanto, e sem rodeios, a ontologia dos campos de sentido vem acompanhada da teoria de uma *retração constitutiva*, resultante de uma incompletude essencial da realidade como tal. A incompletude essencial da realidade pode ser discutida de acordo com a mais fundamental intuição da ontologia dos campos, ou seja, de que a determinação ontológica pressupõe acessibilidade.

Seguindo o que defendi nos primeiros capítulos, o que quer que possa existir, existe em um campo de sentido.

Em busca da intuição que será um dos pilares para o ulterior desenvolvimento do meu pensamento, voltemos ao exemplo fregiano das equações. Se o sinal de igual expressa, em toda equação, o fato de que os dois lados são diferentes modos de apresentação do mesmo, o que é o Mesmo (com "m" maiúsculo) no caso específico da equação $3 + 1 = 2 + 2$? A resposta natural a esta pergunta seria "4". Parece então que 4 seria a identidade de $3 + 1$ e de $2 + 2$, a sua referência ou o seu significado, no uso fregiano do termo. Entretanto, é igualmente verdadeiro que $3 + 1 = 4$. Isso significa que "4" deveria ser uma modalidade de apresentação de 4, porque se encontra no lado de uma equação e, se o sinal de igual quer dizer que os lados da equação referem-se à mesma coisa, então "4" torna-se um sentido de 4. O próprio significado deveria se tornar um sentido. Ora, o problema é que qualquer signo deve estar associado a uma modalidade de apresentação específica. Uma vez que as modalidades de apresentação são modalidades de apresentação *de* alguma coisa, devemos alcançar o fundo último de alguma coisa, o qual não apresenta algo diferente, mas é apresentado. Se 4 fosse o fundo último, não poderia apresentar algo diferente, não poderia ser uma modalidade de apresentação. Porém, trata--se evidentemente de uma modalidade de apresentação, porque para ser uma modalidade de apresentação basta estar em cada lado de uma equação com um valor de verdade determinável. Por isso, $3 + 1$, $2 + 2$ e 4 acabam sendo modalidades de apresentação iguais – mas de quê?

Nesse ponto é possível fazer um sugestivo paralelo com a noção schellinguiana de não fundamento (*Ungrund*) extraída do *Ensaio sobre a essência da liberdade humana*.[2] Nesse texto Schelling confronta a nossa questão dentro da própria teoria da identidade, fundamental para o seu projeto ontológico. Em sua ontologia, a pergunta sobre o fundo último da apresentação, sobre o que seria

O SENTIDO DA EXISTÊNCIA

em última instância apresentado em todas as modalidades de apresentação, não sendo jamais necessariamente idêntico a qualquer modalidade específica, leva Schelling à postulação do paradoxal conceito de algo que "não possui outro predicado a não ser a ausência de predicados".[3] Esse predicado deriva diretamente da afirmação do filósofo de que o "Espírito" ou o "Amor", como ele afirma usando as expressões de João e de Paulo respectivamente, é a coisa "mais alta".[4] Espírito, aqui e em outros lugares, no idealismo alemão se refere ao fato da inteligibilidade ou de que há algo acessível ao pensamento em vez de nada. "Espírito" é, portanto, o nome que Schelling dá à existência de sentido. Ora, essa existência se refere a algo que o precede, como aquilo que está presente em qualquer modalidade de apresentação. Em seu texto, Schelling designa cuidadosamente com um traço "–" essa referência que antecede todas as modalidades de apresentação, acrescentando a pergunta "Como devemos chamá-lo?".[5] Entretanto, ele posteriormente passa a chamar o traço de "não fundamento", termo que será substituído em sua filosofia tardia pela locução "ser imprepensável (*unvordenklichen Seyn*)".

Todas as modalidades de apresentação são em última instância idênticas, uma vez que se referem ao lugar-tenente da sua identidade, a qual se expressa no signo de igual não sendo igual a si mesma. Schelling e Frege concordariam sobre esse ponto, o "não fundamento" de Schelling é a mesma coisa que o valor fregiano "[d]o verdadeiro (*das Wahre*)". Para não complicar demais, prefiro deixar aberta a questão sobre o que seria a coisa referida "a", à qual se referem tanto o *Ungrund* schellinguiano quanto "o verdadeiro" fregiano, uma vez que acabamos de afirmar sua identidade... Por uma razão similar a essa dificuldade, Schelling já se referia a essa dimensão como o "desigual consigo mesmo (*das sich selbst Ungleiche*)".[6] O desigual consigo mesmo ou, se preferirem Adorno, o "não idêntico", é um pressuposto necessário do espírito ou do sentido. É aquilo a que toda coisa se refere, que por

A UNIVERSALIDADE DO SENTIDO

si só é necessariamente sem sentido e, portanto, sem a capacidade de se referir a algo. Nesse exato sentido Schelling define "o ser imprepensável" como "cego". Governado por "uma cega necessidade".[7] Outro exemplo é a intuição de Wittgenstein de que "a um certo ponto as explicações têm limite".[8] Ao fim da interpretação há uma cega confiança na regra, ou um evento, que não se refere intrinsecamente a outra coisa. Isso é o que é apresentado em toda modalidade de apresentação, não sendo idêntico a nenhuma modalidade de apresentação. Por isso, não é possível dizer que "4" é uma modalidade de apresentação de 4, sendo que a segunda acepção de 4, na oração anterior e principal desta, poderia ser compreendida como uma exibição nua do significado no reino da inteligibilidade, pensamento ou sentido. Aqui não importa ainda qual concepção da relação entre fundo último e sentido preferimos, porque há muitas. Será igualmente necessário, sobretudo, abordar a questão sobre o fundo último estar ou não também em uma relação. Por exemplo, o ceticismo pode ser compreendido como a afirmação de que ou essa relação não existe ou, se existisse uma relação relevante, não poderíamos ao mesmo tempo fazer parte dela e ter acesso a ela.

Em um debate ocorrido entre Meillassoux e eu, em Paris, em março de 2011, Meillassoux levantou a questão da universalidade. Apesar do meu vínculo explícito com a multivocidade do ser e da minha equação entre ser e aparecimento em um campo relativo, constantemente quantifico todos os objetos quando afirmo que, por exemplo, "o que quer que exista deve ser capaz de aparecer em um campo de sentido". A afirmação de que a existência é aparecimento em um campo relativo é "universal"? E o que poderia significar nesse caso "universalidade"? Qual é a relação entre essa universalidade e a necessidade? Seria o meu tema uma cadeia de raciocínios forjada no cadinho da mais impiedosa necessidade, governada pela "dureza do dever lógico"? E, se não o for, se a contingência tiver realmente a última palavra – como defendo na minha parte do livro publicado com Slavoj Žižek –, como evitar de forma segura que esse tema não caia no abismo da arbitrariedade?

Para confrontar esse importante conjunto de perguntas, em primeiro lugar é crucial recapitular rapidamente a reivindicação que faço da relação entre *multivocidade* e *univocidade do ser*. Ser é, em sentido existencial, aparecer em um campo de sentido. Ora, para algo que aparece em um campo de sentido, existem sempre regras relativas ao governo da sua organização. Isso deveria ser ilustrado com a ajuda de alguns exemplos.

Existem números e existe a adição: $3 + 1 = 4$. Essa equação existe, sobretudo, no campo da própria aritmética de base. Para existir nesse campo, deve respeitar uma série de condições: deve ser governada pelas regras da adição, deve ser compatível com as leis fundamentais da lógica matemática e, enquanto tal, não deve ser simplesmente considerada uma verdade física; três gotas d'água adicionadas a uma gota d'água não são iguais a quatro gotas d'água, mas somente a uma. Portanto, é uma regra constitutiva da adição aritmética ser distinta de outras formas de adição, como o acréscimo de gotas d'água a outras gotas d'água. O mesmo vale para a subtração ou para a divisão. Se divido um ser humano em dois, não tenho dois seres humanos, mas nenhum. A divisão pode ser aniquilante.

Todas essas regras são abarcadas pelo pensamento que se expressa na cadeia de signos "$3 + 1 = 4$", na medida em que um sentido aritmético está ligado a eles, ou seja, na medida em que eles aparecem no campo de sentido da aritmética. Entretanto, os signos podem também aparecer no campo de sentido do texto que tenho diante de mim. Nesse caso, não haveria distinção clara entre *type* e *token*. Todos os diferentes *tokens* da cadeia de signos "$3 + 1 = 4$" neste parágrafo, neste caso dois, são diferentes, se levo em consideração a sua posição dentro deste parágrafo. Nesse campo de sentido, são muito diferentes do sentido que deriva das verdades aritméticas ou dos teoremas. Não podem derivar de um conjunto

A UNIVERSALIDADE DO SENTIDO

de premissas, com regras de inferência matematicamente relevantes, junto com uma inteligência matematicamente competente, transformadora dos signos de acordo com regras da aritmética. As regras de produção de um texto são muito diferentes das regras da aritmética. Além disso, as leis naturais constituem campos de sentido. Na ontologia que aqui desenho, um vulcão em erupção em uma galáxia tão distante do nosso planeta a ponto de não possibilitar sua observação, assim como a investigação dos seus vestígios em um futuro momento qualquer da história cognitiva humana, é um campo de sentido tanto quanto uma coceira que sinto debaixo do dedo de um pé, quanto o ressentimento, a política ou um evento subatômico instável, ainda indeciso entre realizar-se em onda ou em partícula. Nesse sentido, as leis naturais são regras que constituem um campo de sentido e não importa que elas não possam ser transgredidas como as leis humanas. Isso poderia fazer parte das suas especificidades, mas não tem importância de um ponto de vista puramente ontológico.

Respondendo à pergunta de Meillassoux a propósito do estatuto da universalidade no meu projeto, gostaria de distinguir entre um *espaço lógico plano* e outro *curvo*. A ontologia é a teoria do espaço lógico plano, na perspectiva do espaço lógico curvo. Tudo o que faz parte do espaço lógico plano, cada coisa que aparece nele, é apenas um objeto, algo que existe na medida em que aparece e que aparece como conteúdo de um pensamento com capacidade para a verdade, como possível significado-alvo. No espaço lógico plano, não se faz distinção entre pensamento verdadeiro e pensamento falso, porque de um ponto de vista ontológico ambos simplesmente existem. No espaço lógico plano "as coisas simplesmente são (*things merely are*)", como diz a expressão que Simon Critchley emprega para ler a obra poética de Wallace Stevens.[9] Ainda de acordo com Critchley, poderíamos ver isso no "*il y a*" de Levinas, o "há" que precede o ser isto ou aquilo.[10] No espaço lógico plano, o pirrônico princípio cético de equipolência resiste; de acordo com ele, de fato qualquer asserção é tão forte quanto qualquer outra, ainda que na realidade sejam incompatíveis, simplesmente porque ambas são e justamente porque ambas simplesmente *são*. No espaço lógico curvo, por sua vez, estabelece-se uma assimetria, porque há vários caminhos para a justificação, os quais sustentam uma asserção específica em sua própria oposição a outra. Em outras palavras, o espaço lógico plano é completamente anárquico, ao passo que o curvo é formado por diversos modelos de hierarquização.

Logo, a ontologia trata em parte de uma estrutura universal de equipolência, o mero ser das asserções e dos campos de sentido, mas ao mesmo tempo descreve a transição do espaço lógico plano ao curvo, ideia que aliás corresponde ao projeto de Badiou de uma "ontologia transitória",[11] o que deveria conectar o primeiro e o segundo volumes de *O ser e o evento*. Entretanto, a universalidade do sentido não está presente em cada especificidade como tal; esta se manifesta somente nas várias formas vazias da delimitação de campos de sentido determinados, na paradoxal inesgotabilidade do nada.

O aparecimento em um mundo, e assim a existência, é governado por regras constitutivas que abrem diferentes campos. Por isso, a universalidade do sentido não existe, porque a existência já é específica. Como diz Badiou – que provavelmente concordaria com a maior parte dos aspectos da ontologia apresentada aqui, ainda que pudesse limitá-la a uma "lógica transcendental" em seu sentido –, "a descontinuidade entre os mundos é a lei do aparecimento e, portanto, da existência".[12] Por isso, em geral fazemos confusão ao transitar ou ao sermos levados por diferentes campos de sentido. Sendo mais preciso, habitamos contemporaneamente uma transfinita quantidade de campos de sentido, nós mesmos somos objetos em uma transfinita multiplicidade de mundos. Ontologicamente, o Mesmo é, ao mesmo tempo, transfinitamente múltiplas coisas, em relação a transfinitamente múltiplos campos de sentido, e isso se determina somente na curvatura do espaço lógico.

A UNIVERSALIDADE DO SENTIDO

Levantamos assim a questão, que até agora evitei, sobre 3 + 1 = 4 serem realmente o mesmo, independentemente da própria posição em um campo de sentido. Dentro de diferentes campos de sentido, há no fundo algo que poderíamos definir como o Mesmo, ou o Mesmo nada mais é que um efeito colateral da pluralidade dos campos? Como se pode imaginar, opto pela segunda versão.

Permitam-me resumir essa posição em um slogan: *o ser é retrojeção tardia*. A identidade de fundo é estabilidade apenas retroativamente ou em atraso, logo que um conflito entra no campo de sentido. Aproveitando essa dinâmica, repito outra intuição do primeiro Derrida, capturada em sua noção de "dissensão". Os detalhes desse tema serão tratados no último capítulo.

Por agora, pode ser útil apresentar uma imagem emprestada da tradição. Pensem no ponto de vista que defendo como um espinosismo dotado de uma transfinita multiplicidade de atributos, todos disponíveis para nós. Nesse caso não são acessíveis para nós apenas pensamento e extensão, uma vez que existem muitas outras coisas acessíveis: os sentimentos, as obras de arte, as coceiras e transfinitamente múltiplas outras coisas, incluído o próprio transfinito. Tudo aquilo que é algo, qualquer coisa, ainda que apenas candidata à existência, é então acessível, o que certamente não significa que possamos ter uma representação ou uma cognição com capacidade para a verdade em relação a tudo aquilo que existe. A questão sobre existirem fatos, objetos ou campos de sentido que em princípio não podemos conhecer deve ser tratada como um problema da epistemologia. Lá, não é a estrutura dos fatos que os torna inacessíveis (se existem fatos), mas a estrutura dos nossos acessos aos fatos.[13]

Acrescentemos agora Espinosa, extremamente pluralizado – alguém poderia dizer que é mais parecido com um Leibniz ou com um Bruno –, afirmando que a Substância (a mônada originária ou o Uno) não existe. É só retroativamente postulada em sua ausência. Trata-se de uma retração constitutiva. Essa retração se manifesta

O SENTIDO DA EXISTÊNCIA

como a pressuposição da identidade que é gerada na superfície de atrito nas fronteiras de diferentes campos de sentido.

Permitam-me traduzir isso novamente, em um contexto mais primário, aparentemente fregiano: 3 + 1 e 2 + 2 são sentidos de um mesmo significado. Para o bem do argumento, recuperamos isso com a ajuda do signo "4" e afirmamos que 3 + 1 e 2 + 2 são sentidos de 4 ou, dizendo também de outro modo, concernem a 4. Ora, o próprio fato de existir algo que é *algo de*, ou que concerne a ele, torna-se relevante quando existe uma pluralidade de acessos ou de sentidos. 3 + 1 não significa sozinho nada de potencialmente diferente disso. A diferença de 3 + 1 e 2 + 2 é a nossa condição de acesso à identidade de 4, que é diferente da diferença que subsiste entre 3 + 1 e 2 + 2, o que pode ser facilmente mostrado se levarmos em conta a diferença entre 3 + 1 = 2 + 2 e 5 – 1 = 6 – 2. Sendo mais preciso, existem transfinitamente múltiplos modos de representar 4, nos quais o signo "4" é usado como referência ao necessariamente em si mesmo sem sentido significado de todos os sentidos que são verdadeiros para ou concernem a 4. Podemos facilmente pensar a identidade como uma equação infinita: "100 – 1 = 101 – 2 = 102 – 3" e assim *ad infinitum*, todos os sentidos parecem apontar para 99. Entretanto, também o 99 pode constar na equação, ainda que eu use um simples algoritmo para representar a possibilidade de uma equação infinita que aponte para 99, na qual 99 ainda é apenas uma apresentação do que pode fazer referência a, sem referir-se a outra coisa.

A intencionalidade (referir-se ou concernir a qualquer coisa) – e, portanto, o sentido – torna-se relevante apenas em uma pluralidade de campos de sentido. Mas o que é ainda mais relevante é que a identidade não pode existir independente dessa pluralidade. O Uno é, rigorosamente, impossível. Não pode existir. Se existisse, deveria aparecer em um campo de sentido, sendo rapidamente afetado pelo sentido e tornando-se *este*, mais do que *o* Uno. É verdade que já poderíamos ter aprendido esse ensinamento do

A UNIVERSALIDADE DO SENTIDO

Parmênides de Platão ou de Plotino, mas o evidente obstáculo hermenêutico dessa leitura é a assunção de uma estabilidade e homogeneidade ontológica dos campos de sentido, abarcada por todas as variedades de platonismo, de Platão a Badiou. A identidade (ou o Uno) constitui-se apenas retroativamente, sendo por assim dizer *"l'object petit a"* do discurso filosófico.

A "existência solta", como disse uma vez Milton Munitz,[14] é impossível. O não ligado não existe. Entretanto, manifesta-se como uma retração constitutiva na nossa tentativa de dar sentido ao dar sentido. A inteligibilidade se refere a si mesma quando nos referimos a ela; em outras palavras, somos capazes de nos tornar autoconscientes. Essa autoconsciência cria uma margem de ignorância, na qual ocorre a retração. Na verdade, a retração se retrai; certamente não existe uma única teoria da retração. Nesse ponto, minha ontologia é autoconscientemente incompleta e limitada. Por isso, os princípios universais ratificados pelas minhas assunções ontológicas de base não podem ser universais, no sentido de um tipo de matriz transcendental.

O platonismo se nutre do *paradigma de uma matriz transcendental*, o que Platão no *Sofista* chamou de "a ideia de ser (ἰδέα τοῦ ὄντος)".[15] Uma matriz transcendental seria, portanto, uma estrutura ontológica preestabelecida que é tanto necessária quanto universal, sendo assim um *a priori* no sentido clássico do termo. A referência a essa estrutura, entretanto, deveria ter se realizado em um campo de sentido onicompreensivo, no qual tudo aparecesse. Mas esse campo é impossível. A ontologia permanece tão incompleta quanto a realidade ou, e este é realmente o paralelo mais adequado, quanto o tempo. De acordo com o paradigma ontológico tradicional de universalidade, um inteiro tem lugar ao conter todas as coisas no foco da sua estrutura provedora de regras de inteligibilidade. A lógica tradicional, em sua associação com a metafísica, procura descobrir essa estrutura onicompreensiva. Infelizmente tal estrutura não pode existir, nem sequer na forma

O SENTIDO DA EXISTÊNCIA

de leis naturais, as quais atualmente servem como paradigma para a ridícula tentativa de desenvolver uma "teoria do todo". Podemos nos aproximar da incompletude da realidade, ou melhor, do tempo, da seguinte maneira: postulemos, por mais absurda que possa parecer, a existência de um universo espaçotemporal estruturalmente homogêneo, no qual tudo o que existe tem lugar. Agora podemos desmembrar esse universo em uma série de "fotografias", digamos assim, temporalmente indexadas. Assim temos o universo no momento casual $T1$. No universo em $T1$, estou escrevendo esta frase, o sol brilha no meu escritório, um cachorro está brincando, alguém chora, uma criatura extraterrestre redige um estranho tratado de teologia, alguém está comendo espaguete e assim por diante. Em $T2$ outra série de eventos aparece na fotografia. Agora a pergunta é se existe uma lei onicompreensiva que governa o espaço transicional entre duas seções temporais. As leis naturais seriam certamente boas candidatas a isso. Parecem definir o que ocorrerá em seguida.

Entretanto, qualquer referência a essas leis coloca-as em uma fotografia. E, ainda que fizessem parte de cada fotografia tirada até agora, isso não implica que estarão em todas as fotos. Ainda assim, alguém poderia defender que todas essas fotografias têm algo em comum, a forma da fotografia, argumentando também que essa forma é descrita pela ontologia. Seja como for, ao pensarmos assim na ontologia, temos dela uma imagem na própria relação com todas as fotos, o que é outra fotografia. *Ex hypothesi* não temos "um ponto de vista de perfil", nunca estamos na posição objetiva relativamente à "realidade na sua inteireza"; a máquina fotográfica deveria estar ela própria integrada na imagem e é por isso que, naturalmente, a analogia inteira falha.

Não existe uma estrutura que governe o espaço de transição entre todas as fotografias. A próxima imagem depende do campo de sentido (e das suas regras constitutivas) que escolhemos como forma lógica da fotografia.

A UNIVERSALIDADE DO SENTIDO

Junto com Borges, Fernando Pessoa é dos poetas que percebeu isso da maneira mais clara. Penso que a mais impressionante apresentação dessa questão se encontra em seu poema "O rei dos vazios" ("The King of Gaps"), escrito originalmente em língua inglesa.

> Viveu, quando não sei, nunca talvez –
> Mas viveu, sim – um rei desconhecido,
> Num Reino de Vazios, um reino estranho.
> Foi senhor do entre-coisas escondido,
> De entre-seres, daquela parte de nós
> Que está entre o silêncio e o dizer,
> Entre o nosso dormir e o despertar,
> Entre nós e a consciência de nós;
> Reino mudo que o rei estranho foi privar
> Da nossa ideia de tempo e de lugar.
>
> Aqueles supremos fins que nunca o acto
> Alcançaram – entre eles e a inacção –
> Ele rege, rei sem coroa. É o enigma
> Entre olhos e vista, com ou sem visão.
> Ele mesmo nunca findo ou começado,
> Oca presença sobre o vazio de um vão.
> Uma fenda, apenas, no seu próprio ser,
> Caixa aberta sobre o não-ter do não-ser.
>
> Todos pensam que é Deus, mas ele não.[16]

Se pensarmos na universalidade nos termos de uma matriz transcendental, ou como um conjunto de características essenciais a tudo o que existe, criamos um campo de sentido onicompreensivo definido por meio da própria contagem que considera todos os campos de sentido. Mas não existe algo como uma Totalidade dos campos de sentido, pelos motivos já expostos. Em outras palavras, a existência poderia mudar o próprio rosto. Poderia

O SENTIDO DA EXISTÊNCIA

ocorrer uma mudança fundamental no "sentido do ser". No que toca ao andamento das minhas argumentações, o que quer que exista, deve aparecer em um campo de sentido. Mas, naturalmente, posso me enganar. Do contrário, não teria em vista um objeto determinado como "campos de sentido". Isso porque, como apresento no próximo capítulo – no qual detalharei as bases da epistemologia associada à ontologia descrita aqui –, a teoria da falibilidade é, por si só, falível. Há no mínimo uma *contingência epistêmica* envolvida no filosofar, mas também trabalha aí uma *contingência metafísica*, exposta nos argumentos que desenvolvo, quando verdadeiros.

A universalidade do sentido, que é espaço lógico plano, não está ligada a uma afirmação da necessidade. Universalidade e necessidade não se copertencem necessariamente. As formas mais tradicionalmente racionalistas de universalismo, entretanto, sempre desejaram associá-lo a uma necessidade onicompreensiva. Para estabelecer a diferença entre a minha abordagem da universalidade e o universalismo racionalista, de Platão a Badiou, é inevitável voltar às modalidades.

Afirmamos que *a contingência* é a possibilidade de ser de outra forma. *A necessidade*, por sua vez, é a impossibilidade de ser de outra forma. O que é necessário não poderia ser de outra forma. Ora, como conceitualizar essas tradicionais definições aristotélicas das modalidades? Digamos que a possibilidade é uma propriedade de um campo de sentido, ou seja, a propriedade de que algo possa aparecer dentro dele. Essa propriedade é definida pelas regras constitutivas do campo. Tudo o que está em conformidade com as regras constitutivas de um campo é possível. Estando as modalidades todas ligadas à existência ou ao ser, ou seja, sendo todas elas dobras do ser, a possibilidade ocorre com o lance de abertura de um campo de sentido. Quando existe um campo de sentido, algo é possível. Também no campo do impossível, o impossível é possível. Um "quadrado redondo" não é apenas possivelmente,

A UNIVERSALIDADE DO SENTIDO

mas atualmente impossível. Isso significa que quadrados redondos aparecem no campo de sentido do impossível e, portanto, existem. Eles atendem às regras constitutivas da impossibilidade, as quais definem tudo o que é possivelmente impossível. Definem a possibilidade da impossibilidade, ou seja, as suas condições. Entretanto, isso não significa que em uma curiosa e estranha geometria existam quadrados redondos, considerando, porém, o fato de que sempre poderia existir uma forma de geometria capaz de dar à expressão "quadrado redondo" um sentido exato. Talvez um dia os quadrados pudessem se revelar como sombras de figuras circulares superdimensionais, que hoje ainda não podemos conceitualizar. Caso contrário, quadrados redondos existem somente no campo de sentido do impossível.

A possibilidade não é, portanto, definida por um conteúdo específico ou associada a uma forma lógica específica, como a não contraditoriedade. A possibilidade designa a capacidade de um campo de sentido de não ser vazio. Consequentemente, a atualidade é o fato de algo aparecer em um campo de sentido. Uma vez que possibilidade e realidade se esgotam com o estabelecimento de um campo de sentido que define uma organização – pelo qual algo pode cumprir as condições definidas pela própria organização –, contingência e necessidade são relações que se produzem entre o que aparece dentro do campo de sentido, ou seja, entre os seus objetos. Por isso, não existe existência necessária ou contingente. A existência é possível ou atual. Não é nem contingente, nem necessária. O que é contingente ou necessário é apenas uma organização dentro do campo, por exemplo, uma verdade como um teorema matemático. É necessário que $5 + 7 = 12$, de acordo com as leis de certa aritmética, assim como é contingente que os dinossauros tenham desaparecido e que eu não tenha comido macarrão no almoço. Entretanto, a própria existência de regras constitutivas da aritmética, como as compreendemos, não é necessária no mesmo sentido daquilo que tem a necessidade garantida por tais regras.

O SENTIDO DA EXISTÊNCIA

Poderiam existir diferentes sistemas de axiomas com diferentes resultados, assim como poderiam existir diferentes restaurantes que não servem macarrão.

Naturalmente, há ainda uma pluralidade de modos de avaliar contingência e necessidade, diferentes maneiras de estabelecer as modalidades factuais de uma relação entre campos. Não existe uma forma singular e homogênea de contingência ou necessidade que nos possibilite perguntar se tudo é contingente ou necessário de acordo com uma regra (ou conjunto de regras, o que, entretanto, pressuporia uma regra ou algumas regras de pertencimento a esse conjunto). Por isso, não existe nem mesmo um determinismo onicompreensivo ou global, que poderia interpretar tudo como um caso de regras conectado a todo o resto. O determinismo global não é sequer uma resposta a uma pergunta bem formulada, justo porque não existe algo como o todo, que poderia, assim, ser considerado contingente ou necessário. Não existe uma cadeia de relações única e onicompreensiva, capaz de ser contingente ou necessária, de forma que todas as coisas pudessem ser contingentes ou necessárias, de acordo com o estado modal da cadeia em questão. Por isso, toda a tradicional disputa sintetizada nas antinomias da *Crítica da razão pura* kantiana está completamente enganada.

É possível ilustrar a relação entre as modalidades em um diagrama:

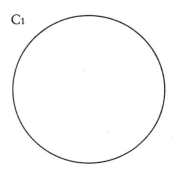

C1 é definido por um conjunto de regras constitutivas. Poderia ser o campo de sentido de todas as cidades do Brasil com mais de dois milhões de habitantes. O que quer que apareça nesse campo deve ser, portanto, uma cidade e deve ter mais de dois milhões de habitantes. Além disso, o campo localiza-se no limite das fronteiras do Brasil. Esquecendo os habituais problemas de indeterminação – onde se encontram exatamente as fronteiras ou o próprio Brasil? Mudaram devido a causas naturais, como um terremoto? Quem é realmente um habitante de uma cidade no Brasil? –, o campo é suficientemente bem delimitado. Ao contrário de um conceito completamente bem definido (considerando que exista, em geral, algo parecido), esse campo não possui fronteiras claras, ou seja, não está determinado com certeza o que deveria entrar ou não nele. Entretanto, ele existe e é consultado quando se quer analisar a crescente urbanização do Brasil.

Ora, podemos ter acesso a um campo, sem por isso ter acesso transparente a toda coisa que aparece dentro dele. Poderíamos simplesmente não conhecer nenhuma cidade do Brasil. Sabemos, talvez, que Rio de Janeiro e São Paulo têm uma dimensão importante, mas não sabemos que Belo Horizonte tem mais de dois milhões de habitantes ou talvez nunca tenhamos ouvido falar de Curitiba. Nesse caso, a nossa imagem da realidade seria parecida com esta:

O SENTIDO DA EXISTÊNCIA

É fato que o campo de sentido em questão é uma realidade parecida com isto (pelo menos até março de 2011):

Esse é um exemplo de existência atual. Tudo o que existe é atual. Também o possível, como o que existe no campo de sentido do possível (sempre que possa ser definido), é atual em uma ordem superior: é atualmente possível.

Enquanto possibilidade e atualidade caracterizam as propriedades de um campo como tal, contingência e necessidade descrevem as relações entre objetos dentro de um campo. Se é contingente que eu levante a minha mão esquerda agora mesmo – e realmente acabo de fazer isso antes de digitar este travessão –, então há uma relação entre objetos (a minha mão, o espaço físico que estou ocupando, pelo menos dois pontos no tempo razoavelmente determinados, o meu cérebro, o meu desejo de levantar a mão etc.) que poderia ser de outra forma. Eu poderia também não ser capaz de levantar a minha mão, porque um obstáculo me impede ou porque outro desejo, agora inconsciente, poderia me motivar a não levantar a mão e assim por diante. Assim, nesse contexto, a tese de Meillassoux que diz que a única necessidade consiste na necessidade de uma entidade necessária ser impossível é uma verdade analítica na minha ontologia:[17] as entidades não são nem contingentes, nem necessárias. Podem ser atuais ou possíveis,

A UNIVERSALIDADE DO SENTIDO

mas entidades isoladas não são nunca banalmente necessárias. É impossível que sejam necessárias, porque a necessidade aplica-se apenas a relações campo-imanentes entre objetos. Se, por exemplo, isolássemos uma parte de tempo, esse intervalo temporal não seria nem necessário, nem contingente. Talvez, se for o caso, a relação entre partes de tempo pudesse ser governada por regras. Entretanto, é fato que não existe uma espécie de série diacrônica de partes temporais. Não podemos dividir o universo em uma sequência diacrônica de estados globais, porque não há sequer uma operação que permita construir uma noção coerente de universo. O universo ou não existe, ou indica o campo da física (qual física?) que, como existente, é um campo entre campos. Mas então seria possível, no máximo, defender que o campo da física, isto é, o campo que a física descreve, é feito de maneira que todas as relações sejam de natureza necessária, uma vez que são causais, como ele afirma. Certamente poderia ser que "a natureza não dá saltos" (Leibniz) ou que "Deus não joga dados" (Einstein), mas isso apenas no âmbito da física. Já que a física não pode ser onicompreensiva, muitas coisas acontecem fora do seu campo, fora do universo, que não poderá ser considerado ontologicamente um campo ou uma entidade privilegiada.

Além disso, também dentro das rígidas fronteiras ontológicas da física, não há uma simultaneidade de eventos absoluta, aspecto que é um dos pontos centrais da teoria da relatividade especial. A simultaneidade é relativa a uma moldura de referência, digamos assim. Portanto, nem mesmo na física podemos pensar em uma parte de pura simultaneidade que atravesse todo o universo. Por isso não podemos pensar as leis da física como regentes da transição de uma parte de tempo, como se fossem a cola que mantém no lugar a disseminação temporal do universo. Não há, portanto, nenhuma opção clara entre a contingência de todos os eventos e a sua necessidade, porque não há um campo de sentido consistente e coerente que possa conter todos os eventos; não existe uma lei onicompreensiva para todos os eventos. Por esse motivo é necessário evidenciar aqui a questão sobre a contingência e a necessidade em outro nível ontológico.

Logo, um diagrama da contingência poderia ser assim:

Um diagrama da necessidade, ao contrário, poderia ser apresentado do seguinte modo:

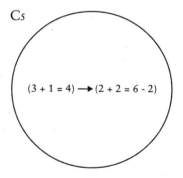

Se pensamos nesse campo como uma imagem reduzida de todas as relações entre os números inteiros e positivos naturais, definidos por meio de adição e subtração, ele contém uma infinita multiplicidade de verdades necessárias, mas isso apenas se antes resolvermos o que é um número natural, como funcionam adição e subtração etc.

A UNIVERSALIDADE DO SENTIDO

Nesse campo uma verdade poderia ser compreendida como uma simples transformação de signos de acordo com um algoritmo, que transforma os signos permitidos em um sistema formal (devido aos próprios axiomas) de acordo com as regras de transformação do sistema, chegando a uma asserção específica por meio de um procedimento. O fato de a asserção ser um teorema derivável é aqui idêntico à sua verdade.

Em outros campos está em funcionamento um predicado de verdade diferente, o que não ameaça a objetividade. A objetividade é relativa ao campo, exatamente como os objetos. Isso não implica uma forma de relativismo selvagem ou, pior, uma arbitrariedade geral. A relatividade não é relativismo. Senão Moisés teria sido um relativista, já que acreditava que todas as boas ações eram determinadas em relação aos dez mandamentos. Mas essa convicção certamente não o torna relativista!

A transição de um campo de sentido a outro é sempre muito diferente. De fato, isso muda de acordo com os campos envolvidos; depende do campo no qual a transição ocorre ou do campo para o qual a transição se direciona, ou ainda das nossas determinações sobre o campo. Imaginem que vocês, entrando em um trem, tendem a pensar em um sanduíche de peru assado e, percebendo que o trem começa a se mover na velocidade "v", já estão transitando entre diferentes campos de sentido. É uma transição do campo da estação ferroviária ao da viagem de trem, do campo da imaginação ao da física. E onde se realizam todas essas transições? Bem, existem respostas de todos os tipos para essa pergunta. Poderíamos invocar a consciência ou o universo. Seja como for, ambos não seriam candidatos adequados. Isso porque o trem não está na consciência; de fato, outras pessoas também acompanham os meus leitores a bordo dele, sem estar "a bordo" da consciência de vocês, ao menos de acordo com a minha compreensão da gramática do "estar a bordo". Ora, vocês poderiam argumentar com um uso metafórico de "estar a bordo", o que é legítimo, mas isso muda

O SENTIDO DA EXISTÊNCIA

mais uma vez o campo de sentido. Além disso, todos os campos que mencionamos não podem ter lugar no universo como campo descrito pela física, porque a física não se refere a sanduíches, sem falar em sanduíches imaginários! Portanto, também no plano mais cotidiano dos acontecimentos, a incompletude da realidade interrompe a nossa tentativa de determinar um campo de sentido onicompreensivo, com leis que governem realmente o que está acontecendo, ou melhor, o que está de fato acontecendo.

Outra consequência disso é a anulação de qualquer tentativa de uma teoria onicompreensiva do todo. Usemos o exemplo de apaixonar-se. Há a experiência de se apaixonar, chamada de "evento do amor", no sentido de Badiou, algo imponderável, excesso de uma dada situação. Bem, vocês podem ser céticos em relação ao amor e defender que se apaixonar é apenas uma ficção projetada pela evolução, um truque que nos leva a procriar, que serviria exclusivamente à conservação de um código genético específico, lutando cegamente pela própria perpetuação. Ou então podem pensar em apaixonar-se como um processo histórico determinado por processos socioeconômicos e pelos seus respectivos aparatos ideológicos estatais. É possível também contextualizar o amor historicamente, como Luhmann em *O amor como paixão*, afirmando que o amor moderno enquanto paixão é resultado de uma estratificação social.

Não importa qual descrição prefiram e quais razões tenham para tal, porque novamente o Mesmo, a substância, torna-se manifesta somente, *existe somente*, na pluralidade dos campos de sentido. Nada pertence sempre a um único campo de sentido.

Está claro que isso vale também para todas as "grandes narrativas" (o conceito de grande narrativa está, naturalmente, ele próprio em uma grande narrativa): psicanálise, ciência, religião etc., uma vez que tentam hegemonizar um dado objeto, como o amor, perdendo de vista o fato ontológico do pertencimento múltiplo. Existir é aparecer em um campo de sentido, e o que aparece em um campo de sentido aparece sempre também em outros campos de sentido. De outro modo jamais seria objeto. A identidade de qualquer objeto se realiza apenas através da multiplicidade das suas manifestações. Há um modo interessante e bem elementar de reconstrução desse tema partindo do interior, como reelaboração contemporânea do gesto aristotélico de fundação da ontologia enquanto "ciência do ser enquanto ser". Essa leitura foi elaborada por Ernst Tugendhat e, mais recentemente, por Anton Friedrich Koch.[18] Trata-se das célebres objeções de Aristóteles aos monismos ontológicos de Parmênides e Platão, os quais pensam o ser como a categoria mais universal, implicando uma noção inconsistente de ser e de verdade. Segundo essa tradição, da qual Aristóteles se desvia, o ser seria um gênero universal, tornando o resto algo determinado, passível de ser pensado como especificação do ser. Entretanto, isso é impossível. A argumentação de Aristóteles desenvolve-se mais ou menos da seguinte maneira.

Se o ser fosse uma categoria universal, não poderíamos atribuir nenhum predicado a ele, porque, e essa é a premissa crucial de Aristóteles, como Koch mostrou, nenhum gênero pode ser predicado da própria espécie. Ou seja, o ser vivente é um gênero. Aquilo que o distingue de um ser humano não é, de maneira banal, o próprio fato de que os seres humanos são seres viventes. Deve haver, portanto, uma diferença entre o gênero e a própria espécie, a célebre diferença específica (*differentia specifica*). Ora, o que quer que distinga alguma coisa de outra deve forçosamente *ser*, deve *ser* algo ou outra coisa. Dessa forma, no caso do ser, não pode haver diferenças entre ser e diferenças específicas, as quais constituiriam a sua espécie. Assim, o ser não pode ser diferenciado de tudo o que existe, se não quiser ser vítima de um círculo vicioso ou de um evidente contrassenso.[19] Com a análise de Tugendhat da fórmula aristotélica "alguma coisa de alguma coisa (τι κατά τινος)", Koch conclui que o ser não é senão o próprio pressuposto do julgar. É aquilo que julgamos e existe somente na multivocidade do nosso modo de acessá-lo ou determiná-lo.[20]

O SENTIDO DA EXISTÊNCIA

Nesse exato sentido, o próprio ser é perspectivo, mas as perspectivas não são, no sentido ontologicamente pesado, "subjetivas". Como James Conant recentemente lembrou, esse é o sentido original do perspectivismo:[21] as perspectivas são objetivas, como os sentidos em Frege. São como cliques fotográficos. Mesmo com a possibilidade de serem subjetivas, todos os espectadores podem ter acesso a elas, como no evidente caso do uso da câmera subjetiva no cinema.

Contra a *Lógica do sentido*, de Deleuze, podemos insistir, novamente, no fato de que não é todo sentido que é produzido. Há uma evidente facticidade do sentido. Apenas se postularmos o contrassenso potencial de um domínio universal é legítimo pensar no sentido como frequentemente produzido. Tal pressuposto, entretanto, não está correto, não corresponde a uma compreensão adequada da relação entre sentido e existência. Não há nenhum substrato material, espiritual ou abstrato, estruturalmente realizado, que antecipe o sentido. Se existisse, já estaria em um campo de sentido. Entretanto, se não há esse substrato insensato, não podemos nem mesmo dizer que todo sentido é produzido, o que pressupõe um estado antecedente ao sentido, do qual sairia a produção, como a própria palavra *pro-ducere* mostra. Logo, algum sentido deve existir antes: existem fatos. Esses fatos são sensatos mesmo se o seu sentido não nos agrada. Entretanto, mais uma vez, é diferente se nos agrada morrer mais cedo ou mais tarde, ou se tem sentido para nós morrer mais cedo ou mais tarde. Isso certamente tem sentido, mas não possui, necessariamente, um misterioso sentido transcendente. Isso vale também para o sentido da vida. A vida tem sentido, e nós produzimos alguns aspectos desse sentido, nós os criamos. O que não existe é uma esfera onicompreensiva, estabelecida desde o começo.

Existem, portanto, pelo menos dois conceitos de universalidade. A tradicional imagem metafísica presumia uma matriz transcendental. Mas isso pressupõe, como Aristóteles já mostrou

A UNIVERSALIDADE DO SENTIDO

em sua crítica a Platão, que o ser é uma categoria universal, que o termo "ser" se refere a uma estrutura ontológica preestabelecida e onicompreensiva. Mas essa estrutura universal, com condições de valer por tudo, não existe. Há somente a forma, vazia enquanto tal, do aparecimento em um campo de sentido. Esse aparecimento é analogicamente o mesmo para todos os campos de sentido, mas essa mesmidade, essa identidade pode ser apresentada apenas como uma retração constitutiva, não pode ser apresentada por nenhuma posição, mas pode ser mostrada por meio de uma teoria; espera-se que por meio da teoria defendida nestas páginas.

A identidade é fugidia e, ainda assim, é aquilo a que temos acesso. Se julgo de modo plenamente veritativo que existe um cubo azul na minha frente, meu pensamento não se detém antes do fato de que existe um cubo azul na minha frente, como McDowell enfatizou repetidas vezes. Não há, de fato, nada no conceito de um pensamento verdadeiro que teria bloqueado o próprio acesso ao que existe. Entretanto, aquilo que existe é, de modo constitutivo, relativo a um campo de sentido, ou melhor, a uma indefinida gama de campos de sentido. E isso se torna relevante apenas neste feixe de perspectivas, dentro dessa divergência literal. McDowell se esquece desse aspecto com a sua noção acrítica de mundo como totalidade "de tudo aquilo que ocorre".[22] Entretanto, já deveríamos dispor de meios conceituais suficientes para rejeitar esse tipo de totalização.

Isso desemboca no tema conclusivo, a relação entre objeto e divergência, que me ajudará a especificar, em primeiro lugar, algumas obrigações epistemológicas adequadas à ontologia que apresento neste livro. Em segundo lugar, isso tem algumas consequências para o conceito de política. Essas consequências direcionam-se claramente contra a teoria habermasiana da verdade como consenso. A minha sugestão situa-se no ponto de vista oposto, uma *teoria da verdade como divergência*. Isso não significa que a divergência ou a pluralidade de perspectivas tomará o lugar da verdade. Muito pelo contrário, o argumento é de que essa pluralidade não existi-

O SENTIDO DA EXISTÊNCIA

ria sem uma norma de verdade potencialmente transcendente. E, nesse sentido, concluo com a tônica de uma nova universalidade paradoxal, a universalidade da divergência, que não pode ser nem hegemonizada, nem circunscrita. Entretanto, ela não é onicompreensiva, uma vez que é resultado da retração ontologicamente constitutiva da existência das coisas.

4. Divergência e objeto

A divergência é um tema atual tanto da epistemologia em sentido estrito quanto da filosofia política em um sentido mais amplo. Crispin Wright, em *Truth and Objectivity* [Verdade e objetividade], deixou claro como o conceito de verdade pode se concretizar de diversas maneiras em diferentes tipos de discurso. Além disso, nesse contexto, ele argumenta que a "divergência impecável (*faultless disagreement*)" poderia servir, em determinado tipo de discurso, como indício para uma teoria antirrealista do predicado da verdade operante no discurso. Um desacordo sobre o ruibarbo ter ou não sabor desagradável constitui uma divergência impecável – de acordo com uma teoria gastronômica –, no sentido de que nenhuma das duas partes em divergência deve estar necessariamente errada.[1] Entretanto, em questões de gosto poderia sempre haver convicções com capacidade para a verdade, as quais certamente dependem de uma norma de verdade que não consiste em apreciações dotadas de "amplo papel cosmológico", voltando ao já mencionado conceito de Crispin Wright.

> Deixemos que a dimensão do papel cosmológico do conteúdo seja mensurada na medida em que, citando os tipos de estados de coisas de que se ocupa, é potencialmente contributiva à explicação de outra coisa que não seja – ou de outra coisa que não seja unicamente – o nosso ser em estados atitudinais que assumem esses estados de coisas como objeto. Sugiro que a ideia que está por trás do critério da Explicação Melhor é que alguns discursos tenham, nesses termos, um conteúdo cujo papel cosmológico é relativamente mais amplo.[2]

O SENTIDO DA EXISTÊNCIA

Com a fórmula do "amplo papel cosmológico", Wright indica apreciações que se referem a estados de coisas, pelos quais a integração dos nossos comportamentos ao conteúdo da nossa individuação discursiva dos mesmos ou não desempenha nenhum papel, ou desempenha um papel extremamente reduzido. Quanto mais reduzida é a amplitude do papel cosmológico, mais um tipo de discurso correspondente está perto da divergência impecável. Tornando essa ideia mais acessível, basta pensar na diferença que existe entre uma coceira e a Lua. Ao nos referirmos a uma coceira, é necessário saber que ela pertence a algum agente dotado de estados mentais. As coceiras são, justamente, coisas cuja individuação pressupõe um comportamento atual ou possível da nossa parte. Por exemplo, elas agradam ou atormentam. Entretanto, no caso da Lua, é possível individuá-la sem ter que integrá-la no sistema dos nossos comportamentos mentais. A Lua existe independentemente de nossa apreciação; a coceira, não.

Em uma vertente completamente diferente, a divergência se tornou tema atual da filosofia política em diversas obras, entre elas a de Jacques Rancière, que busca em seu trabalho aplicar de maneira inovadora o conceito de "dissídio" proposto por Lyotard no âmbito de uma teoria do político.[3] Também em Habermas, certamente não apenas o conceito de consenso, mas também o de divergência, ainda que menos considerado, desempenham um papel, tanto que no livro *Entre fatos e normas* ele classifica a divergência como "risco de divergência", já que toda divergência, "do ponto de vista da coordenação da ação, é causa de custos não indiferentes".[4] Ainda que em tom diferente, Habermas segue com a sua teoria da verdade como consenso, explicando este a partir de um "maciço consenso de fundo", inerente ao mundo da vida.[5] Os "modelos consentidos de entendimento implícito (*konsentierten Deutungsmuster*)"[6] existentes tomam, tendencialmente, o lugar antes ocupado pela utópica comunidade linguística ideal e pelo seu ainda não resolvido ideal do consenso.

DIVERGÊNCIA E OBJETO

A partir do ceticismo antigo e do seu *argumentum ex dissensu*, até mesmo canonizado por Sexto, uma divergência insolúvel por princípio vale como sinal de uma falta de objetividade do discurso levado em consideração.[7] Decerto, ainda não deriva naturalmente da divergência ativa uma insolvência por princípio, e tampouco toda divergência pode ser avaliada como indício de legitimidade de uma manobra antirrealista. A concepção clássica de divergência é acompanhada por um determinado conceito de objeto que, a partir de Descartes, foi particularmente eficaz na formação da epistemologia moderna. De fato, segundo a tradição da moderna epistemologia cartesiana, um "objeto" (ou uma "coisa") nada mais é, em última instância, do que tudo aquilo a que podemos nos referir de maneira falível. Um objeto é precisamente algo que poderia faltar. Justamente a partir daí demonstra-se a verdade do senso comum realista, de que há no mínimo alguns objetos que existem independentemente de serem conteúdo de uma referência. O chamado "mundo externo" é assim compreendido, de um modo ou de outro, como a soma total desse tipo de coisas/objetos, ou somente como a "soma total do espacial",[8] como definiu Frege. Em todo caso, o mundo externo é dado a conhecer como a encarnação daquilo que, como correlato ôntico das nossas representações, distingue-se de meras correlações intencionais.

Desse contexto extraímos um conceito de mundo externo que Bernard Williams e, seguindo o próprio Williams, Adrian Moore em *Points of View* [Pontos de vista] designaram como "concepção absoluta da realidade".[9] A realidade assim concebida consiste no conjunto de "tudo aquilo que existe seja como for (*what is there anyway*)".[10] Como defende Williams em seu livro sobre Descartes, essa concepção absoluta da realidade é resultado de uma certa concepção das representações. Essa representação das representações, da qual provém uma representação dos objetos e que, na minha opinião, é inconsistente pelo menos em um ponto essencial, tem o seu nascimento na concepção cartesiana da nossa falibilidade.

O SENTIDO DA EXISTÊNCIA

À realidade objetiva das nossas representações, ou seja, ao fato de que elas possuem algum conteúdo intencional determinado semanticamente, não corresponde necessariamente também uma realidade formal, ou seja, um objeto realmente existente, considerando "realmente existente" como "independente da nossa relação com ele". A representação de uma árvore se diferencia, nesse sentido, de uma árvore: podemos cair das árvores, subir nelas etc., o que simplesmente não vale para as representações de árvores. A divergência potencial entre como se comporta, no mundo externo, aquilo que existe verdadeiramente "nele", e como representamos o seu comportamento no mundo externo é o ponto de partida metafísico da epistemologia moderna e, de certo ponto de vista, também da antiga.

O primeiro passo, e talvez também o πρῶτον ψεῦδος da epistemologia tradicional, é então um determinado conceito da nossa falibilidade (em nenhum caso desprovido de alternativas); esta realmente se fundamentaria no fato de que nos referimos a objetos ou fatos no mundo externo, mundo externo que é independente da referência. A forma lógica da referência conseguiria, a esse respeito, distinguir a si mesma da realidade formal dos objetos.

Assim, o conceito puramente formal de objeto, o objeto ou a coisa que é, em última instância, tudo aquilo a que podemos nos referir de maneira falível, enriquece-se metafisicamente devido a uma falsa teoria da falibilidade. Portanto, objetos em geral se identificam com objetos do mundo externo, o que, entretanto, não é consequência direta do *conceito formal de objeto* ao qual me refiro.[11]

Em uma ontologia construída sobre os fundamentos epistemológicos da filosofia moderna, a condição delineada da nossa falibilidade, portanto a diferença ontológica entre referência e objeto, é hipostasiada por um lado em um mundo externo e por outro – o que é ainda menos justificado – em uma *res cogitans*. Ou seja, ela se torna uma exaustiva soma total de tudo o que é inde-

DIVERGÊNCIA E OBJETO

pendente do caso em que nos referimos a ela, de um lado, e soma total das referências, de outro. Com tudo isso, até hoje ainda não foi especificado o conceito de mundo externo além dessa reflexão ingênua.[12] Por isso o problema do mundo externo permanece, em última instância, subdeterminado, uma vez que o conceito decisivo, justamente o de mundo externo, não apenas não dá lugar a perguntas ulteriores, mas é resultado comprovado de uma falsa hipóstase de um aspecto da nossa referência aos objetos.

Mais à frente, na primeira parte deste capítulo, gostaria de mostrar que o problema do mundo externo, tradicionalmente ligado à introdução de um conceito de mundo externo, leva a um problema do mundo interno diferente e mais radical. Defenderei ainda que o verdadeiro problema é o próprio conceito de mundo, que se torna o problema do mundo *tout court*. Quanto a isso, gostaria de propor à epistemologia uma virada ontológica fundamental, primeiramente colocando em evidência que a referência *existe* e, portanto, pertence ao mundo. A própria referência, como objeto de uma referência de ordem superior, é algo que pode faltar, algo sobre o qual podemos nos enganar.

Em segundo lugar, apresentarei uma criatura híbrida, batizada por mim de "Fregel". Fregel afirma que o mundo não existe, o que certamente não implica que não existam objetos. A correta compreensão da não existência do mundo, neste capítulo, será demonstrada mais como um pressuposto ontológico da existência dos objetos. Fregel combina a tese de Frege de que a existência é qualquer propriedade dos conceitos, a propriedade de que algo seja abarcado por eles, e a tese de Hegel de que a determinação pressupõe a diferença. As argumentações ligadas a esses raciocínios foram tratadas, como podem recordar, nos capítulos anteriores. O que se conclui é a necessidade de uma pluralidade dos domínios de objetos, ou melhor, campos de sentido, cuja pluralidade é constitutiva para a existência de objetos em geral. Isso significa que os objetos existem apenas se houver uma pluralidade de domínios de

O SENTIDO DA EXISTÊNCIA

objetos. Este capítulo mostra que essa pluralidade, como pluralidade de campos de sentido, já existia antes do nosso surgimento no universo, poderíamos dizer, e existe de modo ancestral. A divergência é, portanto, nesse sentido literal, ontológica.

Quando uso o sintagma "domínio de objetos", refiro-me à ideia de uma extensão que poderia ser organizada por um sistema formal, que define um quantificador existencial, ao passo que o conceito de campo de sentido refere-se mais a estruturas algumas vezes indeterminadas. Uma vez que também as regras constitutivas que abrem um domínio de objetos mostram-se sempre indeterminadas em um contexto ou no outro, se forem transferidas para outro contexto, por exemplo, o das línguas naturais, o conceito de campo de sentido começa a compreender o conceito de domínio de objetos. Todos os domínios de objetos são desde sempre campos de sentido, ainda que alguns domínios sejam feitos de maneira que o sentido que os organiza não apareça. Por exemplo, objetos matemáticos como os números parecem meras extensões sem sentido, mesmo que em última análise isso seja impossível, já que, como sabemos bem, a existência pressupõe o aparecer em um campo de sentido.

Neste capítulo esclarecerei a tese de que a existência de objetos em um espaço lógico-ontológico, por si só não existente, denominado "mundo", é possível apenas sob as condições de uma ineliminável pluralidade de modalidades de acesso. Ou, dizendo ainda, ao lado de e ao mesmo tempo contra Frege: o significado, que neste autor apresenta, como categoria da identidade, um pressuposto semântico, tende a hipostasiar a diferença do sentido. Essa diferença do sentido nos remete a discursos no plural, que criam domínios de objetos, entrando em conflito entre eles. Defino esses domínios como campos de sentido, uma vez que eles se abrem exclusivamente por estar em jogo uma diferença de sentido. A pluralidade dos domínios de objetos pressupõe uma distinguibilidade por meio do sentido.

DIVERGÊNCIA E OBJETO

A divergência ocorre, portanto, em dois níveis: de um lado, como *condição do conflito* e, de outro, como *expressão de um conflito*, ou seja, como divergência de opinião. Argumentarei a favor do fato de que a divergência como condição do conflito não se deixa resolver sem que com isso todos os objetos deixem de existir. A divergência é, consequentemente, uma condição ontológica para a existência dos objetos. Não decorre daí que objetos existam somente se houver conflitos de opiniões entre sujeitos ou pessoas. Reatando os laços novamente com Frege, não relaciono o conceito de sentido aos sujeitos, mas o entendo como algo objetivo: os modos do ser dado não dependem do fato de alguém recebê-los, e um conflito entre diferentes modos do ser dado existiria também se ninguém o registrasse. Essas condições de objetividade mais fortes não valem naturalmente de modo universal, já que está claro que há alguns sentidos que existem apenas quando recebidos. É relevante, para alguns modos do ser dado, por exemplo, que nossas posições em relação ao sentido façam parte do próprio sentido. Portanto, também os sentidos têm certo papel cosmológico. Assim como as mesas, os sentidos são objetos; apenas são objetos muito diferentes delas.

A divergência como condição do conflito advém do fato – já discutido amplamente – de que há necessariamente uma pluralidade de campos e de que podemos considerá-la apenas em termos teóricos, porque pressupõe uma pluralidade de modalidades de acesso, ou seja, uma pluralidade do sentido. Quando algo existe, existem múltiplos campos de sentido e, com eles, sentido no plural. Nesse viés falo de *dis-senso.**

A defesa ontológica da necessidade da divergência promete contemporaneamente um rendimento anticético, deixando aparecer a divergência não mais como falta de objetividade, mas

---

* Aqui o autor realiza um jogo com a palavra *dissenso* – que optamos por traduzir como divergência – e *senso*, sentido em italiano. (*N. do T.*)

O SENTIDO DA EXISTÊNCIA

desmunindo dessa forma o cético de um dos seus instrumentos clássicos. A divergência como condição do conflito é antes condição ontológica da objetividade e – enquanto conflito de opiniões em tipos de discurso dotados de amplo papel cosmológico – uma *ratio cognoscendi* da própria objetividade. Desse modo, minha contribuição é o estudo de um caso exemplar de conexão entre ceticismo e metafísica, que se relaciona a uma tendência claramente visível no debate contemporâneo.[13] O ceticismo não deve ser tratado somente no âmbito da epistemologia; ele se revela como uma surpreendente arma contra o próprio cético.

Do problema do mundo externo ao problema do mundo

O problema do mundo externo se depara com "uma metafísica da intencionalidade" que oferece uma resposta à questão sobre a falibilidade ser possível e, assim, sobre um conhecimento objetivo ser possível. A questão sobre a possibilidade do conhecimento e o confronto com os problemas do ceticismo cartesiano são resultado de uma teoria da falibilidade. Por isso, na moderna metafísica da intencionalidade cartesiana, a falibilidade é no fundo esclarecida por meio da diferença ontológica entre referência (*Bezugname*) e objeto. Se quisermos nos referir a um objeto, consideremos um objeto, determinado conceitualmente, no horizonte da nossa atenção. Pretendemos nos referir a isso ou aquilo e, assim, a algo que possamos diferenciar do que é outro. A orientação objetiva da nossa referência epistêmica se realiza, portanto, porque julgamos algo como um "assim", um x que é F, F(x). Uma orientação objetiva subsiste, portanto, apenas se um espaço de manobra para a contingência e a diferença se abre, especificamente o espaço da diferença do valor de verdade, que existe apenas se houver um contraste entre múltiplos predicados que podem se tornar verda-

DIVERGÊNCIA E OBJETO

deiros para o mesmo sujeito. A objetividade da nossa orientação objetiva consiste, portanto, no fato de que nos referimos a algo como a um determinado "assim", de modo a focá-lo de forma determinada como "assim".

A referência é constitutivamente falível. Aquilo que determinamos como um "assim", por exemplo como F, é F se diferenciando do outro que continuamente excluímos dele de modo implícito, mas, em alguns juízos, certamente explícito. O que é F, portanto, poderia ser também G ou H, ou seja, tudo a que podemos ter a intenção de nos referir é no mínimo epistemicamente contingente. Mesmo se um x qualquer fosse necessariamente F, a afirmação de que x é necessariamente F pode sempre ser considerada possivelmente falsa. Quem afirma algo o considera verdadeiro e, assim, faz uma reivindicação de conhecimento. As reivindicações de conhecimento, enquanto reivindicações, são contestáveis e suscetíveis de serem revistas. A revisabilidade constitutiva das reivindicações de conhecimento manifesta-se no plano fundamental de uma ontologia da predicação, na qual tudo aquilo que pode ser F poderia ser também G ou H, ou alguma outra coisa.

A tradição cartesiana da epistemologia certamente coloca a contingência, associada à referência, no lugar errado, no acontecimento da referência e não na estrutura da própria referência. Segundo essa tradição, haver referência é contingente em relação ao objeto da referência. Justamente por isso, a ordem ontológica se diferencia da epistemológica. Oponho essa afirmação à elementar observação de que a referência *existe*, pertencendo ela própria à ordem ontológica. A ordem ontológica deve, portanto, constituir-se de modo que a referência falível possa acontecer nela. Isso significa que se deve concluir, com base em uma teoria da falibilidade, que o conceito de "mundo externo" inclui o conceito de mundo interno da referência. Mundo interno e mundo externo não se diferenciam um do outro de maneira tradicional, uma vez que, partindo da determinação cartesiana de mundo externo como *res extensa*, esquece-se o fato de que não somente os objetos extensos, mas todos os objetos, incluindo tudo o que é referência, são acessíveis somente de modo falível. A resposta à questão sobre o que é uma referência pode ser ela própria falsa e não é, em nenhum caso, indiferente ao valor de verdade ou verdadeira de forma monovalente.

A referência aos objetos pode ter êxito apenas se puder também não o ter. Justamente com isso mostra-se o *contraste de objetividade* entre referência e objeto.[14] Descartes explica esse contraste de objetividade no âmbito da própria ontologia, postulando um abismo entre espírito e mundo: a *res extensa* existiria independentemente da nossa referência a ela. Desse modo, impõe-se o conceito de mundo externo, no sentido de uma totalidade do espaçotemporalmente amplo, ao qual se opõe o espírito como *res cogitans*. Mas exatamente aí reside o erro de Descartes, que ainda hoje determina a base ontológica dos sucessivos desenvolvimentos da epistemologia e da metafísica. Todo o debate sobre o problema do mundo externo entende sempre a noção de "mundo" como aquilo que existe seja como for, isto é, o existente, qualificando a referência, por sua vez, como contingente. Uma árvore da floresta amazônica continua a crescer, ainda que ninguém tenha se referido a ela. Isso parece claro, no mínimo como alternativa a um estranho idealismo, que é apresentado apenas como meta a ser atingida, e que a maior parte dos teóricos confunde com Berkeley, provavelmente nunca lido, ou com a loucura de um suposto idealista alemão qualquer. Como nota Brandom – evidentemente salvaguardando Hegel:

> o pensamento de que aquele mundo está já desde sempre e seja como for lá, prescindindo das atividades, quando houver, de agir e pensar dos sujeitos, sempre se distinguiu como a mais fundamental das objeções a qualquer tipo de idealismo.[15]

Entretanto, se a falibilidade dissesse respeito à relação contingente entre objeto e referência, ou seja, a uma relação que poderia também não subsistir sem que a estrutura do objeto não fosse de modo

DIVERGÊNCIA E OBJETO

algum modificada por essa não subsistência, então o subsistir de uma determinada relação contingente seria afirmado. Essa relação contingente ocorre entre um mundo externo completamente determinado, por um lado, e o conjunto de referências contingentes, por outro. Entretanto, nesse caso, onde está a capacidade para a verdade da referência no que concerne a essa relação?

A falibilidade da nossa referência à referência se torna clara quando pensamos que há múltiplas teorias da intencionalidade em concorrência – teorias que alçam as reivindicações de conhecimento a referências de nível superior. Essa falibilidade de segunda ordem certamente não se esclarece com o fato de seu objeto de referência ser independente de referências, pois isso já é uma referência e, no mínimo, referências não existem independentemente da existência de referências. A falibilidade, portanto, não pode ser explicada como uma relação contingente entre coisas, as quais, por um lado, pertencem a um mundo externo consumadamente determinado e, por outro, às referências, porque senão as referências de nível superior não poderiam ser falíveis. Mas, uma vez que são falíveis, a teoria cartesiana da falibilidade mostra sua própria inadequação, teoria que sem dúvida o próprio Descartes não defendia dessa forma simplificada. Trata-se somente de uma reelaboração ideal-típica de uma trama teórica que pertence à discussão contemporânea sobre o problema do mundo externo e que, assim, remete a Descartes.

A teoria cartesiana da falibilidade, portanto, falha porque exclui *a limine* a falibilidade da referência de nível superior. A falibilidade da referência é entendida paradigmaticamente no caso de uma atitude em relação a objetos do mundo externo, o que implica que em termos analíticos não poderá ser propriedade de uma referência de nível mais alto e, portanto, de uma referência que envolva explicitamente ela mesma.

Em uma analogia proposital com a distinção proposta por James Conant entre *ceticismo cartesiano* e *kantiano*, as teorias da *falibilidade kantiana* e *cartesiana* nos permitem colocá-las em oposição.[16] Kant foi o primeiro que enfatizou claramente o fato de que nossas formas de orientação em relação aos objetos (não desempenhando nenhuma função em nosso raciocínio, seja de que tipo for) inserem esses objetos de maneira já determinada em nosso "horizonte" – que nunca está sem alternativas (sendo, portanto, contingente) –, o que aliás representa uma metáfora central em Kant.[17] Os seres humanos são dotados de determinados "registros", constitutivamente finitos,[18] que revelam a eles os objetos somente de uma determinada forma. Essa observação – na realidade, não articulável de maneira livre de paradoxos – vale também para os nossos projetos no âmbito do autoconhecimento. Uma vez que também a referência a nós mesmos compreende sistematicamente apenas como nos mostramos, mas não como somos em nós mesmos.

O si é, assim, notoriamente degradado de alma, responsável substancialmente pela unidade de objeto falível entre os outros, assim, Kant pode dar conta de um conceito de objeto puramente formal. Portanto, enquanto objeto sobre o qual poderíamos ter convicções com capacidade para a verdade, o si também deve ser algo sobre o qual podemos nos equivocar. Os objetos sobre os quais podemos ter convicções falíveis com capacidade para a verdade são chamados por Kant de "fenômenos". O mundo cognoscível e o si cognoscível se tornam objetos epistemicamente equipolentes da referência, isto é, configurações de estados de coisas, para as quais não podemos ter nenhum acesso que garanta a sua verdade. Dessa forma, a assimetria epistêmica cartesiana entre espírito e mundo é superada. O mundo interno do espírito deixa de se mostrar mais conhecido (*notior*) do que o mundo externo – definitivamente somos, para nós mesmos, um enigma tanto quanto todo o resto.

Kant, assim, viu claramente que o problema de um mundo externo subentende *o problema de um mundo interno*, mostrando que também a estrutura da nossa referência aos objetos implica,

DIVERGÊNCIA E OBJETO

como objeto da referência, que podemos conhecer a nós mesmos apenas como fenômenos e não como coisas em si. A falibilidade nasce, assim, não com o fato de nos referirmos a objetos presentes em um mundo externo, que se distinguiriam ontologicamente das nossas representações; ela é constitutiva da nossa intencionalidade, da nossa referência a objetos, sejam objetos de um mundo externo ou convicções nossas. A própria referência que fazemos à referência é falível, uma vez que de outra forma não se referiria a nada. Uma teoria da intencionalidade infalível que quisesse expor com inabalável certeza, por meio de uma análise lógica do conceito de intencionalidade, o que é a própria intencionalidade, não o conseguiria por princípio, porque não seria mais teoria. A ela faltaria um fundamento para o objeto.

Diante do contexto que aqui se delineia, vê-se como a epistemologia moderna não somente superestimou o problema do mundo externo, mas até mesmo perdeu completamente de vista as suas consequências. O problema não é, portanto, como é possível partir dos nossos episódios privados a fim de compará-los com objetos espaçotemporalmente extensos, existentes em si, mas quais padrões de justificação podemos considerar suficientes para afirmar que teríamos, neste ou em outro caso, ótimas convicções com capacidade para a verdade sobre um objeto ou um âmbito de objetos. Dessa forma, para a própria falibilidade a tematização do objeto não desempenha nenhum papel. O verdadeiro problema consiste, então, no fato de que os padrões e os sistemas de regras em causa, que abrem um âmbito de objetos, não são para nós acessíveis *in ipso actu operandi*.[19] A forma da referência empregada caso a caso, a qual se sustenta nas regras da disposição de objetos tematizados pela atenção, refere-se, mediante a própria forma, a um conteúdo. Seja como for, "nós seguimos a regra cegamente".[20] Isso significa que seguimos sempre cegamente alguma regra, sem que isso implique que uma regra nunca é seguida de olhos abertos.

O SENTIDO DA EXISTÊNCIA

Se, recorrendo à percepção, julgamos que um carro nos ultrapassa, de acordo com uma teoria kantiana da intencionalidade, somos falíveis por dois aspectos: por um lado, poderíamos nos enganar ao crer que *vemos* que um carro nos ultrapassa, por outro lado, ao crer que se trata de um *carro* que nos ultrapassa. A forma lógica que caracteriza uma determinada referência, nesse caso a percepção, não caminha *pari passu*, em nossa formação de convicções com capacidade para a verdade, com o objeto tematizado ou o estado de coisas salientado. A tematização de um conteúdo percebido, em relação ao fato de que este conteúdo seja percebido, é ela mesma novamente falível no que diz respeito à própria forma lógica, uma vez que é aplicada em uma convicção com capacidade para a verdade, mas assim não seria também já comprovada e conhecida, por sua vez. O problema do mundo externo leva, portanto, ao problema do mundo interno, no momento em que vemos que as condições de formulação de um caminham *pari passu* com as condições de formulação do outro.

Como se isso não bastasse, gostaria também de mencionar uma observação de Heidegger ainda não sistematicamente aproveitada pela epistemologia. Sabe-se que Heidegger salienta, na própria *Destruktion* do cartesianismo, que a epistemologia em seu conjunto "despreza" o fenômeno do mundo.[21] Isso é ainda mais estranho quando ela se confronta com o problema do mundo externo, o qual, a partir de Descartes, tentou eliminar, ou seja, resolver. A observação de Heidegger pode ser reconstruída, independente de suas conclusões, do modo que se segue.

Tudo aquilo que existe é para nós algo determinado, apenas porque podemos atribuir-lhe predicados. Os predicados delimitam um espaço lógico em algo que é abarcado por eles, excluindo tudo o que não abarcam. Desse modo, eles criam um domínio de objetos. Por exemplo, o predicado *...é uma metrópole brasileira* cria o domínio das metrópoles brasileiras, que se distingue claramente da flora e da fauna da Amazônia, da literatura argentina e da cor lilás. Tudo o que há, tudo o que existe, figura em um ou mais domínios

DIVERGÊNCIA E OBJETO

de objetos. Por isso, como já sabemos, concordo com a observação de Frege de que a existência não é uma propriedade própria.

Entretanto, diferentemente de Frege, proponho conceber os conceitos como funções constituintes do acesso a campos de sentido. Assim o conceito *é vermelho* abre o campo do vermelho, que por sua vez pertence ao campo das cores e assim por diante. Portanto, obviamente, não existem apenas objetos, mas também campos, o que já deve estar, com o que até agora foi dito, suficientemente claro, campos que, por outro lado, podem se tornar objetos de referência, o que pressupõe que eles, enquanto objetos, façam parte de um campo de sentido de ordem diferente. Existe o domínio da física, o universo espaçotemporalmente extenso, assim como o campo da história da arte e alguma coisa como a pintura napolitana do século XVII. Por isso, não se pode insistir na ideia de que o mundo ou o mundo externo seja "a totalidade do espacial", a totalidade de todas as coisas ou a totalidade dos fatos. Isso porque não existem apenas coisas espalhadas espaçotemporalmente dentro da caixa-mundo (falta de respeito por nós, pobres observadores) e igualmente não apenas fatos, mas também e principalmente campos, sem os quais nada existiria, porque a existência é uma propriedade dos campos. Dessa forma, o mundo não é idêntico ao universo ou ao domínio da física, uma vez que é apenas um domínio entre transfinitos campos.

As coisas aparecem em campos e são, por isso, determinadas. Os campos aparecem no mundo e são, por isso, determinados. Ora, é como se, falando do mundo, falássemos do "domínio de todos os domínios", citando novamente Heidegger.[22] Neste ponto é inevitável perguntar: como se referir ao próprio mundo? Como sabemos, o mundo não pode existir; então como é possível referir-se à única coisa que não existe? Repito: penso que seja uma verdade quase analítica da ontologia que tudo existe, exceto a regra que poderia dar um algoritmo capaz de criar um campo de sentido onicompreensivo. Tudo existe, menos o próprio todo.

O SENTIDO DA EXISTÊNCIA

Vamos retomar, assim, a argumentação apresentada nos capítulos anteriores, desta vez de um ponto de vista puramente epistemológico.

Se o mundo existisse, apareceria *ex hypothesi* em um campo de sentido. Assim se estabeleceria um campo no qual o mundo apareceria ao lado de alguma outra coisa, ao lado de algum outro domínio ou campo. Certamente, o mundo não pode aparecer em nenhum outro domínio, concebendo-se como domínio de todos os domínios. Logo, o próprio mundo não existe. Podemos expressar essa cognição paradoxal por meio do slogan que diz que o mundo não faz parte do mundo, nem mesmo do "mundo" da cognição do slogan. Não especificamos o mundo distinguindo-o de alguma outra coisa, a menos que se queira defender o nada como essa outra coisa, o que eu não poderia aceitar devido ao meu, digamos, eleatismo da pluralidade dos campos. Para explicar isso, permitam-me citar brevemente alguns versos do primeiro fragmento do *Poema* de Parmênides:

> É necessário que tudo aprendas: e o sólido coração da Verdade bem redonda e as opiniões dos mortais, nas quais não há uma verdadeira certeza.

> Entretanto, também isto aprenderás: *para que as coisas apareçam é preciso que sejam, sendo todas* em todos os sentidos.[23]

Parece-me evidente que Parmênides não defende um *monismo ôntico*, afirmando a existência de apenas uma coisa, mas um *monismo ontológico*, que quer garantir que tudo exista. Por isso oferece a seu leitor uma compreensão de todas as coisas, incluindo a compreensão da falsa aparência de que pode haver distinção entre ser e aparência. Mas, ao contrário de Parmênides, acredito que nem mesmo isso possa ser dito sobre a condição da univocidade do ser. Parmênides é, digamos, eterno demais, sua ontologia é a do espaço lógico plano,

DIVERGÊNCIA E OBJETO

ou seja, *sub specie aeternitatis*, enquanto minha ontologia está mais interessada na relação entre espaço lógico plano e espaço lógico curvo. Tal relação é o que Heráclito chama de *polemos*.[24]

Ainda que se quisesse tentar conceber o mundo como um conjunto onicompreensivo, procurando distingui-lo do conjunto vazio, isso resultaria sempre no problema de que há um conjunto vazio que, figurando *no* mundo, não poderia dessa forma distinguir-se *do* mundo. Por isso o nada não nos ajuda, o que do ponto de vista do senso comum já é evidente: o nada nunca ajuda ninguém.

Nesse ponto é possível objetar que o mundo já apareceu, afirmando incisivamente: o mundo não figura no mundo. Entretanto, o mundo nem sequer figura nesse slogan. Isso porque o mundo que parece figurar nele não é propriamente o mundo no qual o slogan e, assim, a expressão "o mundo" figuram. O mundo que figura e o mundo no qual ele figura distinguem-se sempre por uma propriedade – um é o compreendido, outro o compreendente.

Assim, o mundo não existe, porque não pode ser compreendido. Dessa forma, ele se distingue claramente do universo, do domínio dos objetos da física. O universo existe no mundo. Por essa razão poderíamos dizer que, se o universo existe, deve poder ser distinguido de outros domínios; nesse sentido deve, portanto, aparecer no mundo. É preciso ser um pluralista ontológico para salvar a existência do universo. Desse modo, a consideração de que a não existência do mundo abre caminho a todo existente implica, entre outras coisas, a falência do fisicalismo. Designamos por "fisicalismo" a tese de que tudo aquilo que existe é, em última instância, atribuível ao domínio dos objetos da física, derivando em um reducionismo que ignora a confusão em tomar o universo pelo mundo, minando, assim, a própria existência do domínio ao qual pretende reduzir tudo. O universo espaçotemporalmente extenso, cujas leis estruturais são objeto da formação teórica das ciências naturais, não pode ser por nada alçado à categoria de um *singulare tantum*. Se essa redução se realizasse, o domínio ao qual tudo deveria ser reduzido não poderia mais existir absolutamente.

O SENTIDO DA EXISTÊNCIA

Partindo da premissa de que a existência é uma propriedade de um campo no qual algo aparece, decorre que, sem a pluralidade dos campos, não existiria em geral nenhum domínio de objetos. Se realmente existisse um único domínio, este não poderia existir absolutamente, porque não apareceria em nenhum campo de sentido. Senão, já existiriam no mínimo dois domínios, ou seja, um campo mais amplo e um domínio mais restrito.

Também não aceitamos a opção de que existe um único domínio que aparece em si mesmo, porque ainda nesse caso o domínio que aparece não poderia ser idêntico ao domínio no qual ele aparece, já que, repetimos mais uma vez, aparecer em um campo ou ser o campo em que algo aparece são claramente propriedades diferentes (ainda que a mesma coisa possa ter as duas propriedades, desde que não em relação a si mesma). Mundo e mundo externo devem ser, portanto, rigorosamente distinguidos, o que certamente a tradição da teoria cartesiana da falibilidade não reconhece. A oposição entre espírito e mundo não pode, assim, se realizar com sucesso, simplesmente pelo fato de que o espírito pertence ao mundo. Como diz Wolfram Hogrebe: "o espírito está fora, mas irrompe dentro (*Geist ist außen, bricht aber innen durch*)".[25] Um mundo de todo sem espírito simplesmente não existe, porque sim, o espírito existe, o que apenas significa que ele aparece no mundo. A tendência reducionista de atribuir tudo ao universo mostra-se uma opção inconsistente, porque mina, juntamente com a existência do domínio singular hipotético (que se coloca como objetivo), também a existência de todos os outros.

Do sentido à divergência

O "sentido" é considerado por Frege um inesgotável meio para a diferença, tornando fundamentalmente informativas as asserções de identidade. A informatividade das asserções de identidade con-

DIVERGÊNCIA E OBJETO

siste na diferença entre a identidade do significado e a diferença do sentido. Ora, em um curso introdutório à filosofia da linguagem em Frege, em geral aprendemos que a "Estrela da tarde" e a "Estrela da manhã" são dois modos diferentes de apresentação do Mesmo, ou seja, de Vênus, mais precisamente de Vênus sem as aspas. Vênus seria então o significado nu dos nomes próprios "Estrela da tarde" e "Estrela da manhã". O próprio Frege certamente sugere isso, simplificando a sua posição. Todos os nomes próprios, e assim também o nome próprio "Vênus", têm segundo ele um sentido que não deixaria indicar completamente, seja como for e em última instância, o significado, que permearia todos os seus modos de se apresentar. Entretanto, como diz Frege em uma passagem memorável, já discutida neste livro:

> O sentido de um nome próprio é compreendido por quem conhece suficientemente a língua ou o complexo de signos ao qual ele pertence; desse modo, existindo significado, este é, entretanto, iluminado apenas de um lado; o conhecimento do significado de todos os lados implicaria em sermos imediatamente capazes de dizer se um dado sentido se relaciona ao nome ou não. A esse conhecimento nunca chegamos.[26]

Mas se nunca podemos conhecer um significado "de todos os lados", como deduzir daí que um significado em geral exista, ou seja, como evitar um niilismo semântico radical? O *niilismo semântico radical* seria a tese de que nunca podemos saber se existe um significado pelo qual os modos de apresentação seriam os modos de apresentação de algo. Entretanto, se não existe nada que possa ser apresentado, não existem sequer *os seus* modos de apresentação, logo, se nunca podemos saber se existe um significado, não podemos nem mesmo saber se existem sentidos. A existência de significados é a pressuposição semântica do nosso acesso aos sentidos. O problema é que, ao nos referirmos a essa

O SENTIDO DA EXISTÊNCIA

pressuposição, fazendo uma reivindicação de conhecimento, criamos a possibilidade do niilismo semântico.

Obviamente, o estatuto do significado e, portanto, da identidade está ligado ao meio através do qual temos a diferença do sentido. Podemos tornar compreensível a nós a pluralidade acessível das modalidades de acesso apenas porque pressupomos a identidade do significado. Já que, digamos, trata-se de uma simples consideração gramatical o fato de os modos de apresentação serem os modos de apresentação de alguma coisa. O mesmo vale para quando falamos de diferentes modalidades de acesso ou, o que possivelmente estou procurando evitar, de perspectivas: diferentes modalidades de acesso ou diferentes perspectivas são sempre modalidades de acesso ou perspectivas de alguma coisa, que não é nem modalidade de acesso, nem perspectiva de mesma ordem lógica.

Sem dúvida, o que se mostra em diferentes modos de apresentação não é em nenhum caso apresentado de uma maneira livre de sentido, já que apresentação significa aparecer no meio através do qual temos a diferença do sentido. O significado de "Estrela da tarde", "Estrela da manhã" e "Vênus" é, consequentemente, seja como for, o "objeto transcendental", em sentido kantiano, que pode ser compreendido como x, o qual, só quando se desloca da própria posição, é acessível por meio do telescópio do sentido, lembrando novamente a célebre comparação fregiana do telescópio.

> Suponhamos que alguém observe a Lua com um telescópio. Comparo a própria Lua ao significado: ela é o objeto que observamos, intermediado pela imagem real projetada pela lente da objetiva dentro do telescópio e pela imagem que se forma na retina do observador. A primeira é comparável ao sentido, a segunda à representação ou à intuição. Certamente a imagem do telescópio é unilateral, uma vez que depende do lugar de observação, mas é objetiva, já que diversos observadores podem se servir dela.[27]

DIVERGÊNCIA E OBJETO

Segundo Frege, a "objetiva" produz uma imagem objetiva, ou uma imagem acessível a diversos observadores, distinguindo-se assim das representações. Apesar disso, há diferentes enquadramentos do telescópio, visando todos o mesmo objeto. Isso não é compreensível sem uma pluralidade de modalidades de acesso. Logo, como vimos, a identidade do significado, por meio da pluralidade do sentido, é um pressuposto semântico, que se determina a partir de uma teoria da informatividade das asserções de identidade.

Toda referência a objetos cria um campo de investigação, no qual *ex hypothesi* algo aparece. A existência, portanto, é pressuposta já em nossas habituais referências a objetos, o que aliás Frege observou claramente.[28] Nossa orientação no campo de investigação pressupõe que haja aqui algo que se apresenta diante de nós. Mas o que aqui está se apresenta para nós somente como um "assim" e logo não pode, em princípio, ser focalizado independentemente de um modo contingente da apresentação.

Esse resultado semântico pode ser agora retraduzido na ontologia dos campos de sentido. Todos os domínios de objetos são de fato campos de sentido. Trazem algo a uma modalidade de aparição específica e, portanto, não desprovida de alternativas. Nesse contexto podemos compreender o sentido como a modalidade do aparecimento de uma coisa. Às vezes chamamos essa coisa de "mundo", como se aqui existisse um mundo em princípio completamente determinado, com o qual podemos nos relacionar de modos diferentes. Essa variante do dualismo forma-conteúdo, que apresenta o máximo da prestação reflexiva que pode ser obtida respeitando as condições cartesianas, falha diante da reflexão suplementar de que também ela, enquanto referência formada, é apenas uma modalidade de trazer algo ao aparecimento – determinada e, portanto, não desprovida de alternativas. Quem se relaciona lateralmente com a relação entre mundo e espírito inclui, portanto, o mundo em uma forma lógica de referência, de modo que o seu lugar lógico se desloque, procurando posicionar-se de modo mais originário.

Os objetos existem somente em campos, e isso tem significado somente se algum campo existir também. Objetos totalmente indeterminados, não distinguíveis de outros, não podem existir, porque não fariam parte de nenhum campo e, portanto, não existiriam. Se figurassem em um campo, como no campo dos objetos totalmente indeterminados, seriam diferentes dos outros objetos e não seriam portanto, em sentido relevante, totalmente indeterminados. Uma vez que a existência é uma propriedade dos campos, objetos não existem independentemente dos próprios campos. Como não existem objetos fora de campos, os objetos existem apenas quando houver no mínimo dois campos.

Logo, existem objetos somente com a condição de existirem regras de organização diferentes, não desprovidas de alternativas, que criam diferentes campos de sentido. Os campos entram em concorrência entre eles, porque pressupõem que haja algo a que se referir intencionalmente, mesmo que de maneiras distintas. Esse pressuposto, postulado da identidade do significado, é hipostasiado em uma teoria cartesiana da intencionalidade, como mundo externo.

A metafísica clássica, pelo menos desde o modelo dialógico de Platão, tende a se apoiar na homologia, no acordo e no consenso. Essa condição do consenso, especificamente, até agora é relacionada de modo claro por Habermas apenas a uma "suposição formal do mundo",[29] que não hipostasia mais o mundo como mundo externo, mas postula-o como ideia regulativa na reflexão sobre as condições de uma comunicação com capacidade de êxito.

Habermas, entretanto, subestima a cooriginariedade, quando não a primordialidade da condição da divergência para a existência dos objetos, que aliás ele reconhece, por exemplo, ao escrever:

DIVERGÊNCIA E OBJETO

> Em primeiro lugar, se duvidamos de uma informação e se o conteúdo da informação é colocado em discussão considerando o fato de que ela pode ser ou pode também não ser, estamos falando de fatos que (no mínimo) um proponente está afirmando e um oponente está negando.[30,*]

Portanto, os fatos existem, assim como Habermas, apenas no espaço da contingência, ou seja, à luz da possibilidade de que algo possa ser ou não, o que corresponde exatamente à definição de Aristóteles para a contingência: τὸ δυνατὸν εἶναι καὶ μή.[31] Os fatos, enquanto conteúdo de afirmações de algum modo relacionado com um conjunto de objetos, dizem respeito implícita ou explicitamente ao "juízo dos outros", o que, seja como for, Habermas constata.[32,**] O juízo dos outros obtém, certamente, no Habermas clássico, o valor de um acordo antecipado sob as irrealizáveis e, assim, utópicas condições de uma "situação linguística ideal".[33] Em poucas palavras, o Habermas clássico esboça a teoria do consenso como utopia, admitindo ao mesmo tempo que é "uma ficção, operativamente eficaz no processo comunicativo".[***]

Ora, proponho a renúncia à utopia de uma superação da divergência, também como ideia regulativa, lá onde essa ideia regulativa se esclareceria como norma dominante do discurso. De fato, se nunca a alcançássemos, todos os objetos desapareceriam. O mundo estaria no fim. Isso porque os objetos existem somente porque existem campos nos quais aparecem. E estes, novamente, existem apenas porque não existe o mundo entendido como domínio onicompreensivo. Se existisse somente *um* domínio, não existiria nenhum, porque este não apareceria em nenhum outro domínio. Consequentemente, existem objetos apenas se houver uma

---

* A partir da tradução feita pelo organizador. (*N. do T.*)

** *Idem.*

*** Habermas, "Wahrheitstheorien" ["Discorso e verità"], na tradução parcial italiana, p. 337-8. Tradução ligeiramente modificada. (*N. do O.*)

O SENTIDO DA EXISTÊNCIA

potencial concorrência recíproca entre domínios, o que se manifesta como conflito entre ciência e mundo da vida, entre outros. Em geral, os conflitos se diferenciam de diversas maneiras, porque fora de um determinado campo de sentido nunca é possível constatar quais campos de sentido existem em geral e através de quais regras de organização eles se distinguem entre si. Permanente é apenas a busca constante por apreensão do significado, possível apenas em uma comunidade de potenciais discordantes, uma vez que a identidade do significado é o pressuposto semântico para tornar possível a compreensão da pluralidade ativa das modalidades de acesso, com as quais desde sempre debatemos.

A existência constatável pressupõe campos de sentido. Se a existência pode ser compreendida de modo convincente como propriedade de campos de sentido, e estes são, repito, possíveis exclusivamente como pluralidade concorrencial, a qual retroativamente cria um postulado de identidade transcendental (o significado), então a existência é sempre existência constatável. A questão sobre existir algo fora dos campos de sentido, como objetos ou coisas em si, mostra-se dessa forma sem sentido, uma vez que o conceito de existência não exige nem sequer admite um emprego transcendente.

Sobre duas objeções epistemológicas

Para concluirmos, gostaria de examinar ainda duas objeções particularmente esclarecedoras. A primeira objeção afirma que o conceito de objetividade que proponho demonstra como necessária para a constituição do objeto a *possibilidade* da divergência, mas não a sua *atualidade*.[34] A segunda objeção evidencia que a divergência como condição de conflito ontológico, pertencente à constituição do objeto, pressupõe que aos campos de sentido devam ser atribuídos critérios de identidade do tipo da incompatibilidade

DIVERGÊNCIA E OBJETO

lógica, os quais entretanto são, ao que parece, exclusivamente de natureza discursiva e assim não necessariamente *ontológica*.[35]

Sobre a primeira objeção: a distinção entre divergência como *condição de conflito* e divergência como *diferença de opinião* pode ser entendida de maneira modal, no sentido de que a condição do conflito pressupõe de fato apenas a possibilidade da diferença de opinião, a qual entretanto poderia também não ocorrer, como a existência contingente do ser vivente falante. Apesar disso, essa possibilidade é naturalmente atual: se, em geral, alguma coisa existe, então existem necessariamente, no mínimo, dois campos. A concorrência entre esses campos consiste no fato de que eles se constituem mediante uma diferença de sentido. Tenho a opinião de que não se trata apenas de uma propriedade discursiva o fato de as facas do café da manhã estarem suficientemente afiadas para o uso à mesa, mas sem dúvida pouco adequadas à sala de cirurgia. Ou, para usar outro exemplo, bem longe do que é humano: não é somente uma propriedade discursiva o fato de processos químicos em regiões espaçotemporais astronomicamente distantes de nós serem ao mesmo tempo aglomerações (tipo átomos) e objetos elementares, como prótons, os quais, mais uma vez, são campos de sentido. O mesmo objeto, por exemplo, um próton, é de fato ao mesmo tempo um próton e (talvez) uma organização de cordas. Também a forma do andamento espaçotemporal de um evento como a extensão do universo forma um campo de sentido que é, nesse caso, uma condição física da predisposição de eventos discursivos, os quais por sua vez (e não enquanto eventos discursivos) podem ser colocados no campo de sentido dos eventos físicos.

O próprio Frege traz o exemplo de que é sempre possível dizer "a mesma verdade" dizendo: "é um grupo de árvores" e "são cinco árvores".[36] É o mesmo, de acordo com o campo de sentido, um grupo de árvores e cinco árvores. Ora, o conceito de grupo de árvores e o conceito de árvore são diferentes em seu sentido. O sentido que se associa a eles ainda assim é objetivo. O fato de

O SENTIDO DA EXISTÊNCIA

podermos nos referir ao "Mesmo" em um caso como grupo de árvores e em outro caso como cinco árvores não é uma representação subjetiva, mas corresponde à circunstância de que o Mesmo pode aparecer tanto no campo de sentido do "grupo de árvores", quanto no de "árvore". Ou, considerando o ponto de vista de Frege, de que a identidade de base se manifesta apenas como pressuposto semântico: temos acesso apenas à circunstância de que se trata do Mesmo, porque podemos usá-lo de dois modos (mais precisamente em transfinitos múltiplos), que são, portanto, objetivos, no sentido de acessíveis também para outros.

A divergência ontológica existe desde sempre de fato e pode ser ilustrada discursivamente. Também uma divergência puramente discursiva, como a filosófica, existe de fato. Não podemos, assim, prescindir de reconhecer a realidade da divergência quando ela se encontra no discurso.

Se interpretássemos a discursividade de acordo com Brandom, como "jogo de dar e pedir razões (*the game of giving and asking for reasons*)", seria sempre válido refletir sobre o fato de que as razões se voltam a potenciais discordantes, porque já pressupõem uma "dimensão apologética".[37] A divergência como condição do conflito existe desde sempre de fato, se alguma coisa em geral existe e essa realidade torna possível a realidade ativa dos conflitos de opinião. Já apenas a partir da experiência de que os outros veem determinados objetos e fatos de maneira diferente, deduzimos o conceito de objetividade, cujo sentido depende, nesse aspecto, do conceito de divergência.

Sobre a segunda objeção: admito que, de fato, existem critérios de identidade ontológica, ainda que não possamos sempre compreendê-los da maneira correta. O fato de haver um livro em um determinado ponto da minha escrivaninha e não um caneco de cerveja, neste exato instante, significa, entre outras coisas, que a existência de um caneco de cerveja neste exato instante e naquele determinado ponto é incompatível com a existência ativa de um livro neste exato instante e naquele determinado ponto. Isso porque, em conformidade com o conceito puramente formal de objeto, e no caso das asserções, trata-se de objetos, assim como, no caso de canecos de cerveja (objetos manifestamente diferentes, com base em sua ocorrência em diferentes campos de sentido), há uma *incompatibilidade ontológica* de fundo, neutra com relação à *diferença deontológica* defendida por Brandom. Esta, para ele, consiste no fato de que a incompatibilidade entre asserções pode existir apenas como contradição no discurso, enquanto a incompatibilidade de objetos físicos jamais pode existir. Brandom distingue, assim, entre uma incompatibilidade objetiva, que não *pode* existir, e uma incompatibilidade subjetiva que não *deveria* existir.

> O processo no lado subjetivo da certeza, que corresponde à relação de incompatibilidade dos fatos ou propriedade no lado objetivo da verdade, resolve as obrigações incompatíveis mediante a revisão ou a renúncia a uma delas. Propriedades objetivamente incompatíveis não podem caracterizar o mesmo objeto (fatos objetivamente incompatíveis não podem caracterizar o mesmo mundo), enquanto obrigações subjetivamente incompatíveis, simplesmente, não deveriam caracterizar o mesmo sujeito.[38]

Entretanto, essa distinção entre mundo e sujeito pode ser justificada apenas sob condições cartesianas. Ainda assim *existem* obrigações subjetivamente incompatíveis. Mas, se existem, pertencem ao mundo como todos os outros objetos. De um modo ou de outro, devemos sempre avaliá-los com critérios de identidade ontológicos, o que, entretanto, não implica que possamos conhecê-los de modo infalível como em uma "intuição intelectual" matemática, como Meillassoux acaba postulando.[39]

A resposta ontológica ao ceticismo apresentada aqui opera fundamentalmente sempre sob condições condicionais: se algo em geral existe, então é válido que..., entretanto deveria ser mais difícil,

O SENTIDO DA EXISTÊNCIA

para toda forma de ceticismo, criticar a existência do antecedente desse condicional, no lugar da mais problemática verdade de seu *pendant* epistemológico: se podemos conhecer algo em geral, então é válido que... Diante da epistemologia moderna, a metafísica (aqui entendida primariamente como ontologia) revela-se, assim, mais resistente ao ceticismo.

Conclusão

Finalizando, gostaria de aprofundar um conceito que recentemente tem circulado de novo pelo panorama filosófico: a *filosofia especulativa*.[1] A filosofia especulativa é uma forma de filosofia que se coloca além da distinção entre condições transcendentais de acesso e fatos empíricos. Isso não significa somente abandonar a *querelle* analítica/sintética, mas também refutar a tese de que fatos existem apenas em relação a esquemas conceituais de algum tipo, que estariam primariamente ligados a nossas condições de acesso. Repetimos mais uma vez: o sentido garante a acessibilidade, mas a acessibilidade dos fatos não é uma propriedade que se refere somente a nós. O universo seria acessível, ainda que ninguém jamais tivesse acesso a algum elemento dele ou a ele na sua inteireza. O fato de existir conhecimento é certamente verdadeiro, mas não necessário.

Afirmações desse tipo são consideradas especulativas, porque pressupõem desde já que todas as asserções verdadeiras a propósito do nosso acesso à realidade são também asserções locais a propósito da própria realidade. O acesso ao existente existe por si só. Por isso não estamos presos na linguagem, mas graças a ela estamos *no* próprio mundo. Devemos então corrigir Heidegger: a casa do Ser não é a linguagem, mas o Ser (o existente) é a casa da linguagem. Embora a linguagem possua propriedades interes-

O SENTIDO DA EXISTÊNCIA

santes, existe lado a lado com muitas outras coisas, por exemplo, as coceiras.

Ora, a filosofia analítica da linguagem da primeira metade do século XX muitas vezes procurou descobrir uma estrutura lógica profunda da linguagem sob a gramática superficial. Mas por que deveríamos supor tal estrutura profunda? Por que "as tonalidades de luz e cor"[2] da linguagem poética, que Frege conhecia bem, deveriam separar-nos do mundo e aprisionar-nos no sentido (como às vezes parece defender o próprio Frege)? O nome próprio "Ulisses" possui uma referência (*Bedeutung*), mas não a um objeto do universo espaçotemporal. Por que um significado, no sentido fregiano, deveria estar ligado primariamente aos objetos espaçotemporais?

E vice-versa, por que o pensamento deveria penetrar a estrutura profunda dos fenômenos apenas quando aliado ao poetizar? Por que Celan deveria ser mais profundo que Heisenberg? Consideremos uma declaração do próprio Heisenberg:

> O espírito do tempo é provavelmente um fato tão objetivo quanto qualquer fato da ciência natural, e tal espírito expressa determinados aspectos do mundo que são até mesmo independentes do tempo e, nesse sentido, eternos.
>
> O artista tenta com a sua obra tornar compreensíveis esses aspectos e, nessa tentativa, é levado às formas do estilo em que trabalha.
>
> Portanto, ambos os processos, o da ciência e o da arte, não são muito diferentes. Tanto a ciência quanto a arte dão forma ao longo dos séculos a uma linguagem humana por meio da qual podemos falar das mais remotas partes da realidade, e as séries coerentes de conceitos, como os diversos estilos de arte, são as diversas palavras ou os diversos grupos de palavras desta linguagem.[3]

Entretanto, partindo dessa reflexão, parece que Heisenberg realiza uma distinção entre realidade e sistema de conceitos. Mas a filosofia especulativa superou essa separação. Ela aceita o ponto

CONCLUSÃO

de vista de Davidson de que a relatividade conceitual não é tão radical como parece ser, mas relaciona esse assunto a uma nova ontologia, que para Davidson seria, muito provavelmente, excessivamente selvagem.

O projeto aqui proposto pode ser entendido, se quisermos, como uma neomonadologia. Os campos de sentido poderiam ser interpretados como mônadas. Nesse caso seria preciso refletir sobre o seguinte: quando Leibniz explica que "as mônadas não possuem janelas",[4] isso não significa necessariamente que elas sejam fechadas, que sejam, por assim dizer, representações cinematográficas solipsísticas, aspecto que Rainer Shäfer possibilitou-me perceber. Isso pode querer significar que as mônadas são abertas justamente por não possuírem janelas. As mônadas poderiam ser os fatos ou os complexos de fatos que caso a caso emitem verdades a propósito de algo e, mais precisamente, emitem verdades sempre de uma determinada maneira.

O nosso conhecimento humano movimenta-se nesse modelo, de mônada em mônada; aliás, a nossa vida é um saltar de mônada em mônada. Também o tempo talvez nada mais seja do que saltar de um instante ao outro, como de mônada a mônada. O conceito de campo de sentido ajuda a nos orientarmos no sentido, pois mostra que nos movimentamos nele. No melhor dos casos, é como um espelho que reflete a nós e àquilo que nos circunda, por isso podemos falar de filosofia especulativa no sentido do *speculum* e não somente do *speculari*. Certo é que o espelho não pode ser completo. Já que, se pudesse espelhar tudo, deveria espelhar também a si mesmo. A observação dos fatos é ela própria um fato e, assim, devemos abandonar também o pensamento de uma harmonia preestabelecida. Deduzimos daí que a analogia com Leibniz não vai muito além da analogia entre mônadas e campo de sentido, embora, espera-se, seja esclarecedora.

Certamente não advém da nossa capacidade para a verdade que nunca mentimos, erramos ou burlamos. Entretanto, dada a

O SENTIDO DA EXISTÊNCIA

nossa capacidade de mentir, não é difícil concluir, como queria Nietzsche, que de algum modo mentimos sempre, que a mentira é algo primário. Por que a vida deveria ser uma imensa mentira? Apenas porque, sem saber tudo, pretendemos a verdade? Nietzsche concluiu, assim como a maior parte dos epistemólogos – a partir de Descartes e Kant –, que as nossas pretensões de conhecimento eram infundadas devido à sua própria limitação; conclusão, creio eu, equivocada.

Os campos de sentido não são interpretações, ou melhor, nem todos os campos de sentido são interpretações, e nem todo sentido, uma forma de hermenêutica. Também as interpretações estão situadas nos fatos. Nesse caso, fatos são interpretações e não gatos. O fato de podermos distinguir entre interpretações e gatos deveria logo mostrar que nem todos os fatos são interpretações. Esperamos que essa não seja uma interpretação da palavra "interpretação", mas um fato, já que seria bem estranho acreditar que as minhas interpretações possam ser também gatos...

O reconhecimento dos fatos e o confronto com a realidade não destroem a existência do imaginário. Ao contrário, conduzem ao reconhecimento da pertença do imaginário ao real, reconhecimento que, para nós, hiper-realistas, é fácil como brincadeira de criança, visto que reconhecemos o "interpretacionismo" de Vattimo como real, considerando-o ainda uma hipótese falsa. Porque, afinal, não excogitamos planos, sonhamos, vamos ao cinema e testamos hipóteses científicas. Como dissemos, tudo existe, exceto o Uno, o campo de sentido onicompreensivo, ou seja, a totalidade. Por isso toda conclusão fica incompleta e todo final é tão repentino quanto qualquer começo.

Notas

Introdução

1. Blumenberg, *La legittimità dell'età moderna; Elaborazione del mito*.
2. Cf. Ferraris, "Il ritorno al pensiero forte", *La Repubblica*, 8 de agosto de 2011. Na Itália, dezenas de textos se seguiram ao artigo de Ferraris, que depois recebeu o título de "Manifesto del New Realism". A começar pelo diálogo do próprio Ferraris com G. Vattimo (*La Repubblica*, 19 de agosto). De forma rápida, podemos lembrar também os textos de P. Bojanic, "Perché serve una prospettiva diversa" (*La Repubblica*, 26 de agosto); P. Legrenzi, "La visione che restituisce il mondo" (*idem*); P. A. Rovatti, "L'idolatria dei fatti" (*idem*); C. Ocone, "Goodbye postmoderno" (*Il Riformista*, 30 de agosto); E. Severino, "Nuovo realismo, vecchio dibattito" (*Il Corriere della Sera*, 31 de agosto); V. Possenti, "Se il filosofo torna a volare alto" (*Avvenire*, 3 de setembro); N. Vassallo, "Deboli e forti" (*Il Fatto Quotidiano*, 7 de setembro); M. Baudino, "Perché il pensiero debole è sempre più debole (Intervista ad A. Finkielkraut)" (*La Stampa*, 11 de setembro). O debate continuou on-line com uma seção especial na revista *MicroMega*, na qual colaboraram: F. D'Agostini, A. Ardovino, M. Barberis, E. Carnevali, F.S. Trincia, C.A. Viano, E. Ferrario, S. Giammetta, G. Perazzoli.
3. Boghossian, *Paura di conoscere*, p. 43-59. [Edição brasileira *Medo do conhecimento*, São Paulo, Senac SP, 2012, trad. Marcos Bagno.]
4. Cf. Gabriel, *An den Grenzen der Erkenntnistheorie, Die Erkenntnis der Welt*.
5. Ferraris, *Documentalità*, p. 13, 32.
6. Meillassoux, *Après la finitude*, p. 163.
7. Prefácio à edição italiana de *Predicazione e genesi*, em Gabriel; Hogrebe, *Predicazione e mondo*.
8. Ferraris, *Goodbye Kant!*.
9. Entre muitas passagens, ver, por exemplo, Kant, *Critica della ragion pura* [Crítica da razão pura], p. 18, 107, 142, 148. [*KrV* B XIX, A 94/B 126, A 148/B 187, A 157/B 196].

O SENTIDO DA EXISTÊNCIA

10. Kant, *Critica della ragion pura*, p. 205 [*KrV* A 247/B 303].
11. Gabriel, "Analytik der Wahrheit und Kontingenz".
12. Ferraris, *Documentalità*, especialmente capítulos 4 e 5, p. 197-304.
13. Quine, "Su ciò che vi è", p. 24-42.
14. Cf. especialmente "Über Gegenstandstheorie", em Meinong, *Abhandlungen zur Erkenntnistheorie und Gegenstandstheorie*, p. 481-535.
15. *Ibidem*, p. 487.
16. *Ibidem*, p. 486.
17. Badiou, *L'essere e l'evento*. No Brasil, *O ser e o evento*, Rio de Janeiro, Jorge Zahar, 1996.
18. Gabriel, "Analytik der Wahrheit und Ontologie der Gegenwart?".
19. Sobre a verdade como norma, ver o *opus magnum* de Koch, *Versuch über Wahrheit und Zeit*.
20. Cf. Conant, *The Dialetic of Perspectivism*. Para Thomas Nagel, ver o seu livro *A última palavra* (2001).
21. Cf. também o retorno do paradigma da intencionalidade na filosofia analítica, por exemplo, em Williamson, *The Philosophy of Philosophy*.
22. Gadamer, *Verità e metodo*, p. 542 [edição brasileira: *Verdade e método*, Petrópolis, Vozes, 2008, v. 1 e 2].
23. Kant, *Critica della ragion pura*, p. 5 [*KrV* A VIII].

1. Significado e existência

1. Ver Williams (*Descartes*, p. 65). Para Williams a noção de mundo como "objeto de toda representação que é conhecimento" (*ibidem*) acompanha o pensamento de que "se o conhecimento é aquilo que afirma ser, então é conhecimento de uma realidade, a qual existe independentemente do conhecimento, e sem dúvida independentemente (exceto no caso específico em que a realidade conhecida é um objeto psicológico) de todo pensamento ou experiência. O conhecimento é sobre o que existe seja como for" (*ibidem*, p. 64). Para uma elaboração da tese de base de Williams, ver Moore, *Points of View*. Para uma posição contrária a essa, ver Gabriel, *An den Grenzen der Erkenntnistheorie*.

NOTAS

2. Por isso, Anton Friedrich Koch tem razão ao identificar, na independência potencial dos estados das coisas, ou também na real existência dos fatos, uma obviedade realista. Ver o seu artigo "Absolutes Wissen?" (*Prima Philosophia*, p. 29-40): "Se não existisse essa independência dos estados das coisas das minhas opiniões, então o que eu penso seria sempre verdadeiro, contrariamente àquela obviedade. E vice-versa: se eu não fosse, em relação à minha opinião, propenso ao erro, o objeto não seria nada independente do meu ato de opinar, nada objetivo. A minha falibilidade geral em julgar não é, portanto, sinal de fraquezas humanas, mas da objetividade à qual me refiro ao julgar. Sem dúvida, o mundo não é a minha mera representação. De todo modo é isso que pretendo quando alego pretensões de verdade objetiva. Os juízos cartesianos do tipo 'Parece-me que p' não dizem respeito, portanto, a estados de coisas objetivos, ainda que geralmente eu seja infalível neles" (p. 32).

3. Frege, *Senso, funzione e concetto*, p. 61.

4. Cantor, "Un contributo alla dottrina della molteplicità", p. 23-43.

5. Sobre esse tema, ver detalhadamente a introdução de Gabriel, *Transcendental Ontology*.

6. Cf. Quine, *Su ciò che vi è*, p. 36.

7. Putnam está próximo dessa perspectiva, mas contesta o quantificador: "De que modo o problema sobre se alguma coisa *existe* poderia ser objeto de *convenção*? Sugiro a seguinte resposta: aquilo que os lógicos exprimem com o 'quantificador existencial' quando escrevem '($\exists$x)', e, correspondentemente, na linguagem comum, as expressões 'há', 'existem', 'existe um', 'alguns' etc., não possui um significado unívoco, mas apresenta uma *pluralidade de usos possíveis*." Putnam, *Etica senza ontologia*, p. 56.

8. Meinong, "Über Gegenstandstheorie", p. 485.

9. Uma recente defesa de certo "meinonguismo", apoiado pela tese de acordo com a qual a existência não seria idêntica aos nossos quantificadores, encontra-se também em Berto (*L'esistenza non è logica*). Berto, porém, defende a tese, na minha opinião insustentável, de que a existência seria o "ser dotado de poderes causais" (*ibidem*, p. 74), afirmando além disso (também nesse caso de maneira um

O SENTIDO DA EXISTÊNCIA

tanto arbitrária) que essa tese estaria incluída no *Sofista* de Platão, aspectos nos quais não podemos aqui nos deter. Não vejo, em todo caso, o mínimo motivo para considerar útil à nossa ontologia uma concepção de causalidade (seja ela de qualquer tipo).

10. Consultar, para isso, a minha interpretação geral de Platão em Gabriel, *Der Mensch im Mythos*.

11. A esse respeito, estou certamente de acordo com a conclusão de Berto de que a existência não é algo lógico, mas é preciso observar também minha definitiva oposição à possibilidade de a existência ser algo meramente físico ou causal.

12. Kant, *Critica della ragion pura*, p. 370 [KrV A 575 f/B 603 f].

13. Para uma introdução a essa problemática, recomendamos Berto, *Tutti pazzi per Gödel*.

14. Para uma leitura ontológica do teorema de Cantor, ver Grim, *The Incomplete Universe*, mas também Badiou, *L'essere e l'evento* [edição brasileira: *O ser e o evento*, Rio de Janeiro, Jorge Zahar, 1996].

15. Frege, *Fondamenti dell'aritmetica*, p. 262.

16. Ver o esplêndido livro de Mulhall *On Being in the World*.

17. Sobre esse tema, ver o meu artigo "The Mythological Being of Reflection – An Essay on Hegel, Schelling, and the Contingency of Necessity", em Gabriel e Žižek, *Mythology, Madness and Laughter*, p. 15-94 [edição brasileira: "O ser mitológico da reflexão – Um ensaio sobre Hegel, Schelling e a contingência da necessidade", em *Mitologia, loucura e riso*. Rio de Janeiro, Civilização Brasileira, 2012]. E Gabriel, *Der Mensch im Myhtos*, § 5.

18. Wittgenstein, *Della certezza*, § 559.

2. Facticidade, acessibilidade e contingência

1. Sobre esse assunto recomendo novamente a leitura de Gabriel, *Antike und moderne Skepsis zur Einführung*.

2. Cf. Putnam (*Realismo dal volto umano* [edição em português: *O realismo de rosto humano*, Lisboa, Instituto Piaget, 1999]). Putnam certamente distanciou-se do seu próprio "realismo interno", como admitiu de modo particularmente claro no primeiro capítulo de *Men-*

NOTAS

te, corpo, mundo (2003) Entretanto, nesse texto ele defende uma ideia decisiva também no meu tratado, ou seja, a de que é um "erro filosófico comum" aceitar "que o termo realidade se refira a uma supercoisa no lugar de considerar os modos pelos quais renegociamos infinitamente – e somos *forçados* a renegociar – a nossa noção de realidade, do mesmo modo que evoluem a nossa linguagem e a vida" (*ibidem*, p. 9). Apesar disso, não fica claro o que ele entende por "mundo". Como já dito, compreendo por mundo aquele campo de sentido onicompreensivo que absolutamente não existe, uma vez que não pode aparecer no próprio campo de sentido, enquanto aceito que existam mundos, campos de sentido no plural, nos quais aparecem objetos sobre os quais asserções verdadeiras são possíveis, estando eles englobados por campos de sentido. Para um amplo estudo dos aspectos epistemológicos dessa tese, especificamente, cf. Gabriel, *Die Erkenntnis der Welt*.

3. Putnam, "When Evidence Transcendence Is Not Malign: A Reply to Crispin Wright".

4. Sobre esse assunto, ver Gabriel, *Transcendental Ontology*.

5. Cf. Meillassoux, *Après la finitude*, p. 16-24; Brassier, *Nihil Unbound*.

6. Cf. Badiou, "The Idea of Communism", p. 1-14, aqui p. 7: "Denomino 'processo verdadeiro' ou 'verdade' uma organização contínua das consequências de um evento em uma dada situação (ou mundo). Nota-se que um acaso fundamental, o da sua origem eventual, participa em toda verdade. Denomino 'fatos' as consequências da existência de um estado. Fica claro, desse modo, que uma verdade não pode ser construída por fatos puros. O elemento não factual de uma verdade é uma função da sua orientação, e diremos que é subjetiva." O problema de Badiou, nesse caso, é que ele sempre associa o sentido a uma fundação religiosa ou à noção de sentido proposta por Deleuze (oscilando sempre no limite de uma concepção subjetivística do sentido), sem apreender o sentido objetivo fenomenológico ou a particular variante deste, desenvolvida por Frege.

7. Em todo o texto, como se terá notado, abro mão de qualquer justificação histórica ou história genealógica. Em meus escritos anteriores, esbocei o que agora estou sistematicamente abordando com base em

O SENTIDO DA EXISTÊNCIA

leituras específicas da filosofia antiga e do idealismo pós-kantiano. Sobre isso, ver Gabriel, *Der Mensch im Mythos, Skeptizismus und Idealismus in der Antike*; Gabriel; Žižek, *Mythology, Madness, and Laughter* [edição brasileira: *Mitologia, loucura e riso*, Rio de Janeiro, Civilização Brasileira, 2012]. Para uma justificação epistemológica da minha tese, ver Gabriel, *An den Grenzen der Erkenntnistheorie*.

8. Como corretamente apontou Althusser, em *On Ideology*, p. 88: "'Pode-se conhecer apenas aquilo que existe.' No que concerne à natureza, não deveria haver muitos problemas: quem poderia afirmar que o mundo natural que conhecemos foi 'feito' pelo 'homem'? Apenas os idealistas, ou melhor, aquela espécie de idealistas loucos que atribuem ao homem a potência de Deus. Também os idealistas, normalmente, não são tão estúpidos."

9. Meillassoux, *Après la finitude*, p. 18.

10. Para um argumento contra essa interpretação de Berkeley, particularmente a respeito de seu tardo idealismo objetivo, ver Gabriel, *Skeptizismus und Idealismus in der Antike*, p. 31-7, 109-10.

11. Kant, *Critica della ragion pura*, p. 210 [KrV A 255/B 310].

12. Cf. "Nós procuramos dizer, pois, que toda a nossa intuição não é senão a representação dos fenômenos; que as coisas que intuímos não são em si mesmas tal como as intuímos, nem as suas relações constituídas em si mesmas tal como nos aparecem; e que, se suprimíssemos o nosso sujeito, ou simplesmente a constituição subjetiva dos sentidos em geral, toda a constituição, todas as relações dos objetos no espaço e no tempo, e mesmo o espaço e o tempo desapareceriam, não podendo, como fenômenos, existir em si mesmos, mas apenas em nós" [Citamos a tradução brasileira de Fernando Costa Mattos: Kant, *Crítica da razão pura*, Petrópolis, Vozes, 2012, p. 86 (*N. do T.*)]. Kant, *Critica della ragion pura*, p. 68 [KrV A 42/B 59].

13. Brandom, 2002, p. 50.

14. Frege, *Senso e significato*, p. 36.

15. Sobre esse problema, permito-me remeter a Gabriel, *An den Grenzen der Erkenntnistheorie*, p. 45, 49-50, 84-5. Sobre o mesmo tema, mas em relação a Wittgenstein e a Crispin Wright: *Ibidem*, p. 242, 291-3. Ver também Wright, *Rails to Infinity*, p. 226.

NOTAS

16. *Ibidem*, p. 41.

17. *Ibidem*, p. 38.

18. Gadamer, *Verità e metodo*, p. 542 [edição brasileira: *Verdade e método*, Petrópolis, Vozes, 2008, vol. 1 e 2].

19. Sobre isso, ver Nagel, *Uno sguardo da nessun luogo*.

20. Luhmann, *Sistemi sociali*, p. 147-94; *Die Religion der Gesellschaft*, p. 16 ss., 20, 37; *Die Wissenschaft der Gesellschaft*, p. 310.

21. Frege, *Senso, funzione e concetto*, p. 34. Ver também, ainda de Frege, *Il pensiero*, p. 55: "Por conseguinte, no caso de um nome próprio, tudo depende de como são dadas as pessoas ou as coisas designadas por meio dele; a cada um dos diferentes modos em que isso pode acontecer corresponde um sentido particular do enunciado com o nome próprio." Concordo apenas até certo ponto com a interpretação que Dummett propõe de Frege. Dummett observa justamente que a semântica de Frege é uma teoria da informação. Em Frege, trata-se de esclarecer como nós mesmos podemos enriquecer os nomes próprios com informações, de forma a terem um conteúdo cognitivo próprio. Ver principalmente Dummett, *Frege*, p. 94 ss, por exemplo. Entretanto, diferentemente de Dummett, penso que o conceito de sentido seja ontológico e não primariamente semântico. O próprio Frege destaca a objetividade dos pensamentos e, portanto, também uma objetividade do sentido. Nós compreendemos o sentido, não o produzimos *ex nihilo*.

22. Frege, *Senso, funzione e concetto*, p. 38.

23. Meillassoux, *Après la finitude*, p. 18.

24. McDowell, *Mente e mondo*, p. 35 [edição brasileira: *Mente e mundo*, São Paulo, Ideias & Letras, 2005].

25. Wright, *Truth and Objectivity*, p. 196.

26. A propósito de sua abordagem, ver Putnam, *Realismo dal volto umano* [Realismo de rosto humano], *Rinnovare la filosofia* [Renovar a filosofia] e *Mente, corpo, mondo* [Mente, corpo, mundo].

27. Davidson, *Sull'idea stessa di schema concettuale*, p. 263-82.

28. Essa noção pode ser encontrada em Badiou, *L'essere e l'evento*, p. 199 ss.

29. Schelling, *Ricerche filosofiche sull'essenza della libertà umana e gli oggetti ad essa connessi*, p. 97 [edição brasileira: *A essência*

O SENTIDO DA EXISTÊNCIA

da liberdade humana: *Investigações filosóficas sobre a essência da liberdade humana e das questões conexas*, Petrópolis, Vozes, 1991].

30. Sobre o projeto de uma "absolutização da facticidade", ver Meillassoux, *Après la finitude*, p. 69 ss.; o filósofo francês defende uma noção de "não razão (*irraison*)", extraordinariamente próxima à noção ontológica schellinguiniana de *Ungrund*. Sobre isso e sobre a superação do idealismo unilateral associado ao assunto, ver Gabriel, "The Non-Ground as the Elusive Other of Reflection". Em relação ao *Ungrund* como "*Dehors absolu*" – formulação de Meillassoux (*Après la finitude*, p. 21) já utilizada por mim em *Der Mensch im Mythos* – ver o artigo "L'assoluto e il mondo nella Freiheitsschrift di Schelling", em Gabriel e Hogrebe, *Predicazione e mondo*.

31. Brassier, *Nihil Unbound*, p. 71 ss.

32. Brassier, *Nihil Unbound*, p. 85-94. Brassier acusa o absoluto de Meillassoux, definido por ele como cartesiano, de "idealismo que interpreta o ser como correlato de uma intuição intelectual" (*ibidem*, p. 88).

33. Graham Harman considera a possibilidade de um regresso transfinito no lugar de um regresso ao infinito. Ver, por exemplo, a sua contribuição no debate "Collapse" (3, *Urbanomic*, 2007, p. 400). De toda forma, a interpretação ontológica da noção cantoriana do transfinito permanece ancorada na ideia de uma regra universal para a construção dos conjuntos, regra definida mediante um sistema de axiomas. Para a ontologia dos campos que desenvolvo aqui, não há obviamente um sistema de axiomas e, portanto, nenhuma equivalência possível com a teoria dos conjuntos. A teoria dos conjuntos é simplesmente um campo de sentido entre outros, algo marginal e privado de qualquer privilégio ontológico.

34. *De interpretatione*, 19a9f.

35. Ver a introdução de Gabriel, *Transcendental Ontology*.

36. Isso é certamente uma variação ontológica do tema wittgensteiniano. Penso que a mais elaborada apresentação desse assunto pode ser encontrada em Wright, *Rails to Infinity*.

37. Aristóteles, *Metafísica*, I003a21-25.

NOTAS

38. Comparemos com a afirmação análoga de Badiou: "Negar o pertencimento é negar a apresentação e, portanto, a existência, porque a existência é o ser-na-apresentação" (*L'essere e l'evento*, p. 74). Em *Logics of Worlds* (2009) isso se explica com base em uma noção intensiva de existência, ligada ao aparecimento. De todo modo, na minha abordagem, "pertencer" significa sempre aparecer. Não há nenhuma primazia da noção de existência própria à teoria dos conjuntos, que é somente um campo de sentido entre outros.

39. Cf. Gabriel, "The Mythological Being of Reflection – An Essay on Hegel, Schelling, and the Contingency of Necessity", em Gabriel e Žižek, *Mythology, Madness and Laughter*, p. 15-94 [edição brasileira: "O ser mitológico da reflexão – Um ensaio sobre Hegel, Schelling e a contingência da necessidade", em *Mitologia, loucura e riso*, Rio de Janeiro, Civilização Brasileira, 2012].

40. Na sua discussão com Searle, Derrida decidiu esclarecer melhor a sua célebre "tese" de que nada existiria fora do texto, afirmando: "A frase que, para alguns, se tornou uma espécie de *slogan* muitas vezes incompreendido da desconstrução ('não há fora do texto') não significa nada além de: não há fora do contexto. Com essa apresentação, que diz exatamente a mesma coisa, a fórmula sem dúvida teria chocado menos. Não estou certo se teria dado mais a pensar" (Derrida, *Limited Inc.*, p. 203). O que realmente chama a atenção nessa afirmação é que, de acordo com a tese bastante surpreendente de Derrida, texto e contexto significariam exatamente o mesmo, considerado o fato de que não há nenhuma identidade residual do significado contextualmente livre. Suponho que o recuo de Derrida rumo a uma tese mais aceitável de um contextualismo semântico deva-se em boa parte às críticas de Searle, que o obrigaram a fundamentar melhor a própria posição.

41. Aquilo que entendo por idealismo encontra-se bem definido em Gabriel, *Skeptizismus und Idealismus in der Antike*.

42. Rorty, *The World Well Lost*, p. 649-65.

43. Quanto a isso, Deleuze, *Logica del senso*, p. 68 [edição brasileira: *Lógica do sentido*, São Paulo, Perspectiva, 2009]: "o sentido é efetivamente *produzido* por essa circulação como sentido que retorna

O SENTIDO DA EXISTÊNCIA

ao significante, mas também como sentido que retorna ao significado. Resumindo, o sentido é sempre um *efeito*" [tradução livre]. Obviamente não concordo com o alcance ontológico do princípio de Deleuze. Nem todo sentido é produzido. Boa parte dos sentidos é encontrada. Sendo o sentido apenas uma modalidade de apresentação, existe sentido em qualquer organização e nem todas elas são produzidas por meio de cadeias de significantes. De qualquer forma, não está realmente claro o que significa dizer que o sentido é produzido.

44. Ver meu artigo "The Mythological Being of Reflection – An Essay on Hegel, Schelling, and the Contingency of Necessity", especialmente p. 81-94, em Gabriel e Žižek, *Mythology, Madness, and Laughter* [edição brasileira: "O ser mitológico da reflexão – Um ensaio sobre Hegel, Schelling e a contingência da necessidade", em *Mitologia, loucura e riso*, Rio de Janeiro, Civilização Brasileira, 2012].

45. Cf. a entrevista que Žižek deu a Ben Woodard em Bryant, Srnicek e Harman, *The Speculative Turn*, p. 406-15.

46. Ver Meillassoux, *Après la finitude*, p. 72 ss.

47. Sobre o idealismo de Parmênides, permito-me remeter ao § 3 de Gabriel, *Skeptizismus und Idealismus in der Antike*. Badiou aceita explicitamente essa configuração, mas não somente, considera também, no âmbito fundamental da ontologia, a identificação hegeliana de ser e pensamento. Sobre isso, em *Logics of Worlds* (p. 99), afirma: "atemo-nos, como deveria fazer toda filosofia, ao axioma de Parmênides: pensar e ser são de fato o mesmo". E mais adiante: "naturalmente dividimos com Hegel a convicção a propósito da identidade do ser e do pensamento. Mas, para nós, essa identidade é um fato local, não um resultado totalizante." (p. 143)

48. Cf. Gabriel e Hogrebe, *Predicazione e mondo*.

49. Para uma defesa dessa ideia, ver Rödl, *Self-Consciousness*.

50. Ver, entre outros, o belo texto de Umberto Eco *I limiti dell'interpretazione* [edição brasileira: *Os limites da interpretação*, São Paulo, Perspectiva, 2004].

51. Cf. Gabriel, "Gottes transzendenter Seinsvollzug. Zur Aristotelischen Ontotheologie im Λ der Metaphysik".

NOTAS

3. A universalidade do sentido

1. Frege, *Senso, funzione e concetto*, p. 36-7.
2. Cf. as diferentes interpretações que fiz do texto: Gabriel, *L'assoluto e il mondo nella Freiheitsschrift di Schelling*; "Die allgemeine Notwendigkeit der Sünde und des Todes"; "Der Ungrund als das uneinholbar Andere der Reflexion".
3. Schelling, *Ricerche filosofiche sull'essenza della libertà umana e gli oggetti ad essa connessi*, p. 130 [edição brasileira: *A essência da liberdade humana: Investigações filosóficas sobre a essência da liberdade humana e das questões conexas*, Petrópolis, Vozes, 1991].
4. *Ibidem*, p. 129.
5. *Ibidem*, p. 129.
6. Schelling, *Filosofia della Rivelazione*, p. 285. Tradução modificada por Markus Gabriel no italiano.
7. Schelling, "Altra deduzione dei principi della Filosofia Positiva", p. 1455.
8. Wittgenstein, *Ricerche Filosofiche*, § 1, p. 10 [edição brasileira: *Investigações filosóficas*, São Paulo, Abril Cultural, 1975 (Coleção Os Pensadores)]. Consultar também Wittgenstein, *Della certezza*, § 34, 192, 204, 563.
9. Critchley, *Things Merely Are* (2005).
10. Levinas, *Totalità e infinito*, p. 299-300.
11. Badiou, *Court traité d'ontologie transitoire* (1998).
12. Badiou, "The Idea of Communism", p. 6.
13. Ver Gabriel, *Die Erkenntnis der Welt*, cap. IV.
14. Munitz, *Cosmic Understanding*, p. 228.
15. Platão, *Sofista*, 254a 8f. Ver também Gabriel, *Der Mensch im Mythos*, p. 116.
16. Pessoa, *Poesia inglesa I*, edição e tradução de Luísa Freire, Lisboa, Assírio e Alvim, 2000.
17. Cf. Meillassoux, *Après la finitude*, p. 103.
18. Cf. Tugendhat, *Tí kata tinós*; Koch, "Warum ist das Seiende keine Gattung", p. 133-42.
19. Koch, "Warum ist das Seiende keine Gattung", p. 138: "Nenhum gênero pode tornar-se predicado das próprias diferenças, do contrário

O SENTIDO DA EXISTÊNCIA

as diferenças deveriam ser uma espécie ou um indivíduo do gênero, o que elas não podem ser, enquanto princípios da especificação, se não quisermos cair em um círculo vicioso. O existente, concebido enquanto gênero, deveria ser infalivelmente o predicado das próprias diferenças. Não é, portanto, um gênero."

20. Para Koch deveríamos aprender com Aristóteles, associado a Kant, que o próprio mundo é um fenômeno perspectivo, o qual, segundo ele, depende do criar corpo da subjetividade no espaço e no tempo. Cf. Koch, "Warum ist das Seiende keine Gattung", p. 141: "Se o mundo, por exemplo, no lugar de estar fechado ou manifesto no espaço e no tempo, fosse *antes um fenômeno*, isso significaria também que a onisciência teria perdido o direito de referir-se a ele, que a realidade não estaria estabelecida desde sempre, como um mundo possível no intelecto divino, que dele não existiria uma descrição carnapiana de seus estados e, portanto, que não existiria nenhuma ciência para descrevê-lo de modo exaustivo. O mundo seria perspectivo em relação a si mesmo, vinculado em si à subjetividade nele presente, tanto corpórea quanto finita. Aqui está, precisamente, a doutrina de que o mundo é fenômeno. (...) O existente, na própria multiplicidade originária, não é um gênero, porque é fenômeno por si mesmo."

21. Conant, *The Dialetic of Perspectivism.*

22. McDowell, *Mente e mondo*, p. 27 [edição brasileira: Mente e mundo, São Paulo, Ideias & Letras, 2005].

4. Divergência e objeto

1. Cf. Wright, *Truth and Objectivity*, p. 77-99. O debate foi iniciado por Kölbel, "Faultless Disagreement", p. 53-73. Devemos a MacFarlane outra interpretação desse assunto, em "Realtivism and Disagreement", p. 17-31.

2. Wright, *Truth and Objectivity*, p. 196.

3. Rancière, *Il disaccordo.*

4. Habermas, *Fatti e norme*, p. 30. Tradução modificada por Markus Gabriel no italiano.

NOTAS

5. *Ibidem.*
6. *Ibidem*, p. 31.
7. Tema discutido amplamente em Gabriel, *Skeptizismus und Idealismus in der Antike.*
8. A propósito, escreve Frege em *Fondamenti dell'aritmetica*, p. 328: "as leis numéricas não pedirão (...) confirmação prática para resultarem aplicáveis ao mundo externo. E realmente não existem no mundo externo, ou seja, na totalidade dos objetos espaciais, nem conceitos, nem propriedades de conceitos, nem números; por isso, sobre as leis numéricas não podemos dizer, a rigor, que são aplicáveis aos objetos externos: não são leis da natureza."
9. Williams, *Descartes: The Project of Pure Enquiry* (1978); Moore, *Points of View* (1997).
10. *Idem.*
11. Rudolph Carnap defendeu um conceito neutro de objeto similar (*Gegenstand*): cf. Carnap, *La costruzione logica del mondo.*
12. Maurizio Ferraris traz uma proposta interessante, que interpreta o mundo externo como algo "inemendável" (*Documentalità*, p. 92-93). Para uma discussão mais ampla do problema, ver ainda seu livro *Il mondo esterno* (2001). Os fatos pertencem, como os pensamentos verdadeiros, ao mundo externo. Muitas vezes o mundo externo, ou simplesmente o mundo, distingue-se de todos os estados psicológicos, como em Cassam (*Self and World*). Mas desde o início isso implica que o si não existe, uma vez que é excluído do mundo; estranha premissa, ontologicamente suicida.
13. Cf. Gabriel, *Skeptizismus und Metaphysik.*
14. Sobre o conceito de contraste de objetividade (*Objektivitätskontrast*), ver Gabriel, *An den Grenzen der Erkenntnistheorie*, p. 49-50, 84-5.
15. Brandom, *Tales of the Mighty Dead*, p. 208.
16. J. Conant, "Spielarten des Skeptizismus", em Gabriel, *Skeptizismus und Metaphysik*, p. 21-72.
17. Sobre o caráter imprescindível da contingência dos nossos registros em Kant permito-me remeter à ampla análise do ensaio "Absolute Identity and Reflection", em Gabriel, *Transcendental Ontology*, p. 34-48. Sobre o conceito de horizonte, cf. Kant, *Critica della ragion*

O SENTIDO DA EXISTÊNCIA

pura, p. 201 [KrV, A 238/B 297]. É certamente digno de atenção o fato de Kant propor que possamos "considerar todo conceito como um ponto que tenha, como o ponto de vista de um espectador, o seu horizonte, ou seja, um conjunto de coisas que podem ser representadas por ele e quase abraçadas com o olhar" (*ibidem*, p. 416 [KrV, A 658/B 686]). Cf. também as observações de Kant a propósito da "determinação do horizonte dos nossos conhecimentos" na introdução da *Jäsche-Logik*, A 53-69. Josef Simon propôs uma interpretação geral do conceito kantiano de horizonte (Simon, *Kant*, principalmente p. 46-55.)

18. O termo "registro" está amplamente explicado em Gabriel, *An den Grenzen der Erkenntnistheorie*.

19. Creio que esse seja o pensamento fundamental de Wittgenstein em *Da certeza*. Wittgenstein procura eliminar as fronteiras entre asserções empíricas e *a priori*, remetendo ao fato de que há asserções que regulam um determinado sistema de convicções, em relação ao qual elas são, portanto, *a priori*, mas que, relativas a outro sistema, mostram-se certamente discutíveis. Como se sabe, no célebre ensaio "Dois dogmas do empirismo", Quine usou esse pensamento contra a distinção sintético/analítico.

20. Wittgenstein, *Ricerche filosofiche*, § 219 [edição brasileira: *Investigações filosóficas*, São Paulo, Abril Cultural, 1975 (Coleção Os Pensadores)].

21. Consultar, sobre esse assunto, o § 14 de *Ser e tempo*.

22. Heidegger, "ALETHEIA (Eraclito, Frammento 16)", p. 186. Tradução modificada por Markus Gabriel no italiano.

23. Parmênides, *Poema*, versos 28-32.

24. Para uma leitura dessa noção de Heráclito, ver Gabriel, *Antike und moderne Skepsis zur Einführung*. Há também uma afirmação de Badiou que vai inteiramente na mesma direção (*Court traité d'ontologie transitoire*, p. 54): "Toute pensée est polémique. Mais il ne s'agit nullement d'un conflit des interprétations. Il s'agit d'un conflit des jugements d'existence. C'est pourquoi aucun conflit véritable dans la pensée n'admet de solution; le consensus est l'ennemi de la pensée, car il prétend que nous partageons l'existence. Mais l'existence est justement,

NOTAS

au plus intime de la pensée, l'impartageable." [Todo pensamento é polêmico. Mas não o é de modo nenhum por um conflito entre interpretações, e sim por um conflito de juízos de existência. Essa é a razão por que nenhum conflito verdadeiro que ocorra no pensamento admite solução; o consenso é inimigo do pensamento, pois pretende afirmar que compartilhamos a existência, quando a existência é justamente, no mais íntimo do pensamento, o que não pode ser compartilhado.]

25. Hogrebe, *Riskante Lebensnähe*, p. 17.

26. Frege, *Senso, funzione e concetto*, p. 34.

27. *Ibidem*, p. 36-7.

28. Frege define explicitamente a existência como "uma óbvia pressuposição implícita em todas as nossas expressões. As regras da lógica pressupõem sempre que as palavras que utilizamos não são vazias, que os enunciados são expressões de juízos, que não brincamos com meras palavras" (*Dialogo com Pünjer sull'esistenza*, p. 146).

29. Habermas, *Wahrheitstheorien*, p. 41; ver também p. 68: "Um olhar comum sobre a realidade, entendida como 'zona do meio' entre as 'visões do mundo' de diferentes línguas, é pressuposto absolutamente necessário dos diálogos que tenham um sentido. Para o interlocutor, o conceito de realidade liga-se à ideia regulativa de uma 'soma de todo o cognoscível'."

30. Habermas, *Wahrheitstheorien*, p. 211-65 (o trecho citado está na p. 217).

31. Aristóteles, *De interpretatione*, 19a9f.

32. Habermas, "Wahrheitstheorien", p. 219.

33. Habermas, 1995, p. 70; "Wahrheitstheorien" ["Discorso e verità"], na tradução parcial italiana, p. 337.

34. Essa objeção me foi dirigida por Axel Honneth e por Christoph Menke.

35. Essa consideração foi feita por Georg Bertram.

36. Frege, *Fondamenti dell'aritmetica*, p. 281.

37. Sobre esse conceito, ver Gabriel, *An den Grenzen der Erkenntnistheorie*, p. 149, 185, 338.

38. Brandom, *Tales of the Mighty Dead*, p. 193.

39. Meillassoux, *Après la finitude*, p. 157 ss.

Conclusão

1. Bryant, Srnicek e Harman, *The Speculative Turn*.
2. Frege, *Senso, funzione e concetto*, p. 37.
3. Heisenberg, *Fisica e filosofia*, p. 131 [edição brasileira: *Física e filosofia*, Brasília, Editora Universidade de Brasília, 1995].
4. Leibniz, *La monadologia*, § 7, p. 138 [edição brasileira: *A monadologia e outros textos*, São Paulo, Hedra, 2009].

Bibliografia

ALTHUSSER, Louis. *On Ideology*. Londres/Nova York: Verso, 2008.

ARISTÓTELES; MINIO-PALUELLO, L. (orgs.). *Categoriae et liber de interpretatione*. Oxford: Clarendon Press, 1949.

ARISTÓTELES; JAEGER, W. (orgs.). *Metaphysica*. Oxford: Clarendon Press, 1957.

ARISTÓTELES. *Metafísica*. Trad. Marcelo Perine. São Paulo: Loyola, 2002.

BADIOU, Alain. *L'essere e l'evento*. Trad. G. Scibilia. Gênova: Il Melangolo, 1995.

BADIOU, Alain. *O ser e o evento*. Trad. Maria Luiza X. de A. Borges. Rio de Janeiro: Jorge Zahar, 1996.

BADIOU, Alain. *Court traité d'ontologie transitoire*. Paris: Seuil, 1998.

BADIOU, Alain. *San Paolo*. Fondazione dell'universalismo. Trad. F. Ferrari, a cura di A. Moscati. Nápoles: Cronopio, 1999.

BADIOU, Alain; TOSCANO, A. (orgs.). *Logics of Worlds*: Being and Event, 2. Londres: Continuum, 2009.

BADIOU, Alain. "The Idea of Communism". In: DOUZINAS, C.; ŽIŽEK, S. (orgs.). *The Idea of Communism*. Londres: Verso, 2010. p. 1-14.

BERTO, Francesco. *Tutti pazzi per Gödel*. La guida completa al Teorema di Incompletezza. Roma-Bari: Laterza, 2008.

BERTO, Francesco. *L'esistenza non è logica*. Dal quadrato rotondo ai mondi impossibili. Roma/Bari: Laterza, 2010.

BLUMENBERG, Hans. *Elaborazione del mito*. Trad. B. Argenton. Bolonha: Il Mulino, 1991.

BLUMENBERG, Hans. *La legittimità dell'età moderna*. Trad. C. Marelli. Gênova: Marietti, 1992.

BOGHOSSIAN, Paul. *Paura di conoscere*. Contro il relativismo e il costruttivismo. Trad. A. Coliva. Roma: Carocci, 2006.

BOGHOSSIAN, Paul. *Medo do conhecimento*. Trad. Marcos Balgnno. São Paulo: Senac, 2012.

BRANDOM, Robert. *Tales of the Mighty Dead*: Historical Essays in the Metaphysics of Intentionality. Cambridge/Londres: Harvard University Press, 2002.

BRASSIER, Ray. *Nihil Unbound*: Enlightenment and Extinction. Londres: Palgrave Macmillan, 2007.

BRYANT, Levi; SRNICEK, Nick; HARMAN, Graham (orgs.). *The Speculative Turn*: Continental Materialism and Realism. Melbourne: re.press, 2011.

CANTOR, Georg. "Un contributo alla dottrina della molteplicità". In: RIGAMONTI, G. (org.). *La formazione della teoria degli insiemi*. Saggi 1872-1883. Florença: Sansoni, 1992. p. 23-43.

CARNAP, Rudolph. *La costruzione logica del mondo*. Trad. E. Severino. Milão: Fabbri, 1966.

CASSAM, Quassim. *Self and World*. Oxford: Oxford University Press, 1999.

CONANT, James. "The Dialectic of Perspectivism". *Sats – Nordic Journal of Philosophy*, 6, 2, p. 5-49, 2005.

CONANT, James. "The Dialectic of Perspectivism, ii". *Sats – Nordic Journal of Philosophy*, 7, p. 6-57, 2006.

CRITCHLEY, Simon. *Things Merely Are*: Philosophy in the Poetry of Wallace Stevens. Nova York/Londres: Routledge, 2005.

DAVIDSON, Donald. "Sull'idea stessa di schema concettuale". In: DAVIDSON, Donald. *Verità e interpretazione*. Trad. Picardi. Bolonha: Il Mulino, 1994.

DELEUZE, Gilles. *Logica del senso*. Trad. M. De Stefanis. Milão: Feltrinelli, 2005.

DELEUZE, Gilles. *Lógica do sentido*. São Paulo: Perspectiva, 2009.

DERRIDA, Jacques. *Limited Inc*. Trad. N. Perullo. Milão: Cortina, 1997.

DUMMETT, M. *Frege*. Philosophy of Language. Eastbourne: Duckworth, 2001.

ECO, Umberto. *Os limites da Interpretação*. São Paulo: Perspectiva, 2004.

ECO, Umberto. *I limiti dell'interpretazione*. Turim: Bompiani, 1990.

FERRARIS, Maurizio. *Il mondo esterno*. Milão: Bompiani, 2001.

FERRARIS, Maurizio. *Goodbye Kant!* Milão: Bompiani, 2005.

FERRARIS, Maurizio. *Documentalità*. Perché è necessario lasciar tracce. Roma-Bari: Laterza, 2010.

BIBLIOGRAFIA

FREGE, Gottlob. "Fondamenti dell'aritmetica. Una ricerca logico-matematica sul concetto di numero". In: FREGE, Gottlob; MANGIONE, C. (orgs.). *Logica e aritmetica*. Trad. C. Mangione. Turim: Boringhieri, 1965.

FREGE, Gottlob. "Dialogo con Pünjer sull'esistenza", In: FREGE, Gottlob; PICARDI, E. (orgs.). *Scritti postumi*. Trad. E. Picardi. Nápoles: Bibliopolis, 1986.

FREGE, Gottlob. "Il pensiero. Una ricerca logica". In: FRANCESCO, M. di. (org.). *Ricerche logiche*. Trad. R. Casati. Milão: Guerini e Associati, 1988.

FREGE, Gottlob. "Senso e significato". In: FREGE, Gottlob; PENCO, C.; PICARDI, E. (orgs.). *Senso, funzione e concetto*. Scritti filosofici. Roma/Bari: Laterza, 2005b. p. 32-57.

FREGE, Gottlob; PENCO, C.; PICARDI, E. (orgs.). *Senso, funzione e concetto*. Scritti filosofici. Trad. E. Picardi. Roma/Bari: Laterza, 2005b.

GABRIEL, Markus. *Der Mensch im Mythos*. Untersuchungen über Ontotheologie, Anthropologie und Selbstbewußtseinsgeschichte in Schellings *Philosophie der Mythologie*. Berlim/Nova York: De Gruyter, 2006a.

GABRIEL, Markus. "Gottes transzendenter Seinsvollzug. Zur Aristotelischen Ontotheologie im Λ der *Metaphysik*". *Jahrbuch für Religionsphilosophie*, 5, p. 97-119, 2006b.

GABRIEL, Markus. *Antike und moderne Skepsis zur Einführung*. Hamburgo: Junius, 2008a.

GABRIEL, Markus. *An den Grenzen der Erkenntnistheorie* – Die notwendige Endlichkeit des Wissens als Lektion des Skeptizismus. Freiburg-München: Alber, 2008b.

GABRIEL, Markus. *Skeptizismus und Idealismus in der Antike*. Frankfurt a. Main: Suhrkamp, 2009a.

GABRIEL, Markus. "God's Transcendent Activity – Ontotheology in *Metaphysics* Λ". *The Review of Metaphysics*, 250, p. 385-414, 2009b.

GABRIEL, Markus. "L'assoluto e il mondo nella *Freiheitsschrift* di Schelling". In: HOGREBE, Wolfram (orgs.). *Riskante Lebensnähe*: Die szenische Existenz des Menschen. Berlin: Akademie Verlag, 2009.

GABRIEL, Markus. "'Die allgemeine Notwendigkeit der Sünde und des Todes' – Leben und Tod in Schellings *Freiheitschrift*". In: GABRIEL, M.; HALFWASSEN, J. (orgs.). *Philosophie und Religion*. Heidelberg: Winter, 2009d. p. 205-19.

GABRIEL, Markus. *Transcendental Ontology*: Essays in German Idealism. Nova York/Londres: Continuum, 2011a.

O SENTIDO DA EXISTÊNCIA

GABRIEL, Markus (orgs.). *Skeptizismus und Metaphysik.* Sonderband der Deutschen Zeitschrift für Philosophie. Berlim: Akademie Verlag, 2011b.

GABRIEL, Markus. "Analytik der Wahrheit und Ontologie der Gegenwart? Der späte Foucault über Freiheit, Wahrheit und Kontingenz". In: GELHARD, A.; GEHRING, P. (orgs.). *Parrhesia.* Foucault und der Mut zur Wahrheit. Zurique: Diaphanes, 2011c.

GABRIEL, Markus. "The Non-Ground as the Elusive Other of Reflection: Schelling's Departure from Idealism". In: COHEN, J. (org.). *Schelling's Freedom Essay.* Cambridge: Cambridge University Press, 2012a.

GABRIEL, Markus. *Die Erkenntnis der Welt.* Eine Einführung in die Erkenntnistheorie. Freiburg/München: Alber, 2012b.

GABRIEL, Markus. "Der Ungrund als das uneinholbar Andere der Reflexion – Schellings Ausweg aus dem Idealismus". In: FERRER, D.; PEDRO, T. (orgs.). *Schellings Philosophie der Freiheit.* Studien zu den Philosophischen Untersuchungen über das Wesen der menschlichen Freiheit. Würzburg: Ergon, 2012c.

GABRIEL, Markus; HOGREBE, Wolfram; MAESTRONE, S. L. (orgs.). *Predicazione e mondo.* Declinazioni contemporanee del pensiero di Schelling. Trad. S. L. Maestrone (in corso di pubblicazione), 2012.

GABRIEL, Markus; ŽIŽEK, Slavoj. *Mythology, Madness, and Laughter*: Subjectivity in German Idealism. Nova York/Londres: Continuum, 2009.

GABRIEL, Markus; ŽIŽEK, Slavoj. *Mitologia, Loucura e riso: a subjetividade no idealismo alemão.* Trad. Silvia Pimenta Velloso Rocha. Rio de Janeiro: Civilização Brasileira, 2012.

GADAMER, Hans-Georg. *Verità e metodo.* Trad. G. Vattimo. Milão: Bompiani, 1983.

GADAMER, Hans-Georg. *Verdade e método.* Petrópolis: Vozes, 2008, v. 1 e 2.

GRIM, Patrick. *The Incomplete Universe*: Totality, Knowledge, and Truth. Cambridge: MIT Press, 1991.

HABERMAS, Jürgen. "Wahrheitstheorien". In: FAHRENBACH, H. (org.). *Wirklicheit und Reflexion.* Walter Schulz zum 60. Geburtstag, Neske, Pfüllinkgen, 1973, p. 211-65 ["Discorso e verità", trad. parcial para o italiano de M. Baluschi. In: BALUSCHI, M.; MELANDRI (orgs.). *Agire comunicativo e logica delle scienze sociali.* Bolonha: Il Mulino, 1980. p. 319-43].

HABERMAS, Jürgen; CEPPA, L. (orgs.). *Fatti e norme.* Contributi a una teoria discorsiva del diritto e della democrazia. Trad. L. Ceppa. Milão: Guerini e Associati, 1996.

BIBLIOGRAFIA

HABERMAS, Jürgen. *Verità e giustificazione*. Saggi filosofici. Trad. M. Carpitella. Roma/Bari: Laterza, 2001.

HEIDEGGER, Martin; VATTIMO, G. (orgs.). "Aletheia (Eraclito Frammento 16)". In: HEIDEGGER, Martin. *Saggi e discorsi*. Milão: Mursia, 1991.

HEIDEGGER, Martin. *Essere e tempo*. Trad. A. Marini. Milão: Mondadori, 2006.

HEISENBERG, Werner. *Fisica e filosofia*. Trad. G. Gnoli. Milano: Il Saggiatore, 1966.

HEISENBERG, Werner. *Física e filosofia*. Brasília: Editora Universidade de Brasília, 1995.

HOGREBE, Wolfram (org.). *Riskante Lebensnähe*: Die szenische Existenz des Menschen. Berlim: Akademie Verlag, 2009.

KANT, Immanuel. *Critica della ragion pura*. Trad. G. Gentile e G. Lombardo-Radice. Roma/Bari: Laterza, 2005.

KANT, Immanuel. *Crítica da razão pura*. Trad. Fernando Costa Mattos. Petrópolis: Vozes, 2012, p. 86.

KOCH, Anton Friedrich. "Warum ist das Seiende keine Gattung". *Prima Philosophia*, 6/2, p. 133-42, 1993.

KOCH, Anton Friedrich. "Absolutes Wissen?". *Prima Philosophia*, 12, p. 29-40, 1999.

KOCH, Anton Friedrich. *Versuch über Wahrheit und Zeit*. Paderborn: Mentis, 2006.

KÖLBEL, Max. "Faultless Disagreement". *Proceedings of the Aristotelian Society*, 104, p. 53-73, 2003.

LEIBNIZ, Gottfried Wilhelm. *La monadologia*. Trad. Y. Colombo. Florença: La Nuova Italia, 1970.

LEIBNIZ, Gottfried Wilhelm. *A monadologia e outros textos*. São Paulo: Hedra, 2009.

LEVINAS, Emmanuel. *Totalità e infinito*. Saggio sull'esteriorità. Trad. A. Dall'Asta. Milão: Jaca Book, 1980.

LUHMANN, Niklas. *O amor como paixão*. Rio de Janeiro: Bertrand Brasil, 1991.

LUHMANN, Niklas; FEBBRAJO, A.; SCHMIDT, R. (orgs.). *Sistemi sociali*. Fondamenti di una teoria generale. Bolonha: Il Mulino, 1990.

LUHMANN, Niklas. *Die Religion der Gesellschaft*. Frankfurt a.M.: Suhrkamp, 2000a.

LUHMANN, Niklas. *Die Wissenschaft der Gesellschaft*. Frankfurt a.M.: Suhrkamp, 2000b.

MACFARLANE, John. "Relativism and Disagreement". *Philosophical Studies*, 132, p. 17-31, 2007.

MCDOWELL, John. *Mente e mondo*. Trad. C. Nizzo. Turim: Einaudi, 1999.

MCDOWELL, John. *Mente e mundo*. São Paulo: Ideias & Letras, 2005.

MEILLASSOUX, Quentin. *Après la finitude*. Essais sur la nécessité de la contingence. Paris: Seuil, 2006.

MEINONG, Alexius. "Über Gegenstandstheorie". In: MEINONG, Alexius. *Abhandlungen zur Erkenntnistheorie und Gegenstandstheorie*. Graz: Akademische Druck- u. Verlagsanstalt, 1971.

MOORE, Adrian. *Points of View*. Oxford: Oxford University Press, 1997.

MULHALL, Stephen. *On Being in the World*: Wittgenstein and Heidegger on Seeing Aspects. Nova York/Londres: Routledge, 1993.

MUNITZ, Milton. *Cosmic Understanding*. Princeton: Princeton University Press, 1986.

NAGEL, Thomas; VECA, S. (orgs.). *Uno sguardo da nessun luogo*. Trad. A. Besussi. Milão: Il Saggiatore, 1988.

NAGEL, Thomas. *A última palavra*. Trad. Carlos Felipe Moisés. São Paulo: Editora Unesp, 2001.

PLATÃO; BURNET, J. (org.). *Platonis Opera*. 5 vol. Oxford: Clarendon Press, 1979-82.

PUTNAM, Hilary; PICARDI, E. (orgs.). *Realismo dal volto umano*. Trad. E. Sacchi. Bolonha: Il Mulino, 1995.

PUTNAM, Hilary. *O realismo de rosto humano*. Lisboa: Instituto Piaget, 1999.

PUTNAM, Hilary. *Rinnovare la filosofia*. Trad. S. Marconi. Milão: Garzanti, 1998.

PUTNAM, Hilary. "When Evidence Transcendence Is Not Malign: A Reply to Crispin Wright". *The Journal of Philosophy*, 98, 11, p. 594-600, 2001.

PUTNAM, Hilary; PICARDI, E. (orgs.). *Mente, corpo, mondo*. Trad. E. Sacchi Sgarbi. Bolonha: Il Mulino, 2003.

PUTNAM, Hilary. *Etica senza ontologia*. Trad. E. Carly. Milão: Mondadori, 2005.

QUINE, Willard Van Orman. "Su ciò che vi è". In: VARZI, A. (org.). *Metafisica*. Classici contemporanei. Roma/Bari: Laterza, 2008. p. 24-42.

RANCIÈRE, Jacques. *Il disaccordo*. Politica e filosofia. Trad. B. Magni. Roma: Meltemi, 2007.

BIBLIOGRAFIA

RÖDL, Sebastian. *Self-Consciousness*. Harvard: Harvard University Press, 2007.

RORTY, Richard. "The World Well Lost". *The Journal of Philosophy*, 69, 19, p. 649-65, 1972.

SCHELLING, Friedrich Wilhelm Joseph. *Ricerche filosofiche sull'essenza della libertà umana e gli oggetti ad essa connessi*. In: SCHELLING, F.; PAREYSON, L. (orgs.). *Scritti sulla filosofia, la religione, la libertà*. Trad. S. Drago Del Boca. Milão: Mursia, 1990.

SCHELLING, Friedrich Wilhelm Joseph. *A essência da liberdade humana: Investigações filosóficas sobre a essência da liberdade humana e das questões conexas*. Petrópolis: Vozes, 1991.

SCHELLING, Friedrich Wilhelm Joseph. *Filosofia della Rivelazione*. Trad. A. Bausola, rev. F. Tomatis. Milão: Bompiani, 2002a.

SCHELLING, Friedrich Wilhelm Joseph. "Altra deduzione dei principi della Filosofia Positiva". In: SCHELLING, F. *Filosofia della Rivelazione*. Milão: Bompiani, 2002a. p. 1439-71.

SIMON, Josef. *Kant*. Die fremde Vernunft und die Sprache der Philosophie. Berlim/Nova York: De Gruyter, 2003.

TUGENDHAT, Ernst. *Tí kata tinós*. Eine Untersuchung zu Struktur und Ursprung aristotelischer Grundbegriffe. Freiburg i. Br./München: Alber, 1988.

WILLIAMS, Bernard. *Descartes*: The Project of Pure Enquiry. Hassocks (Sussex): The Harvester Press, 1978.

WILLIAMSON, Timothy. *The Philosophy of Philosophy*. Oxford: Blackwell, 2007.

WITTGENSTEIN, Ludwig; TRINCHERO, M. (orgs.). *Ricerche Filosofiche*. Trad. M. Trinchero. Turim: Einaudi, 1999a.

WITTGENSTEIN, Ludwig. *Investigação filosóficas*. São Paulo: Abril Cultural, 1975 (col. Os Pensadores).

WITTGENSTEIN, Ludwig; GARGANI, A. (orgs.). *Della Certezza*. Trad. M. Trinchero. Turim: Einaudi, 1999b.

WRIGHT, Crispin. *Truth and Objectivity*. Cambridge (ma): Harvard University Press, 1994.

WRIGHT, Crispin. *Rails to Infinity*. Essays on Themes from Wittgenstein's Philosophical Investigations. Cambridge (MA): Harvard University Press, 2001.

WRIGHT, Crispin. "Intuitionism, Realism, Relativism and Rhubarb". In: GREENOUGH, P.; LYNCH, M. P. (orgs.). *Truth and Realism*. Oxford: Oxford University Press, 2006. p. 77-99.

*O texto deste livro foi composto em
Sabon LT Std, corpo 11/15.*

*A impressão se deu sobre papel off-white
pelo Sistema Cameron da Divisão Gráfica
da Distribuidora Record.*